Multiplication

Type 1

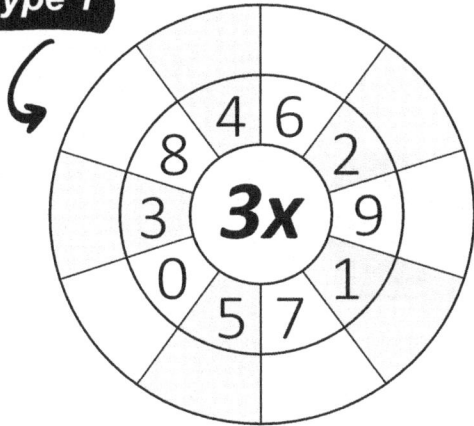 →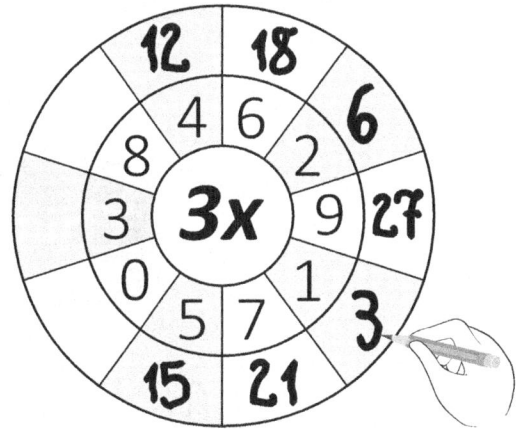

Multiplication - Missing Numbers

Type 2

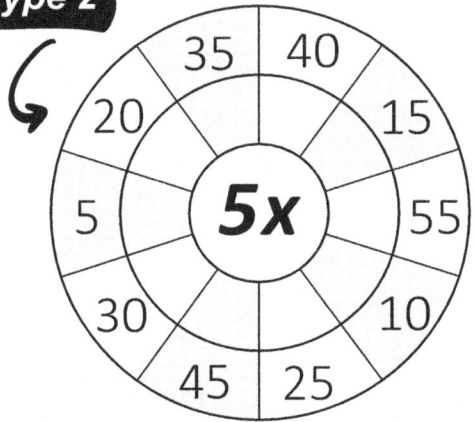 →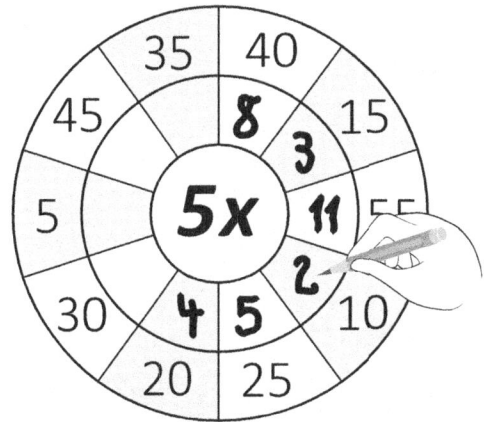

Multiplication - Missing Numbers (Mixed)

Type 3

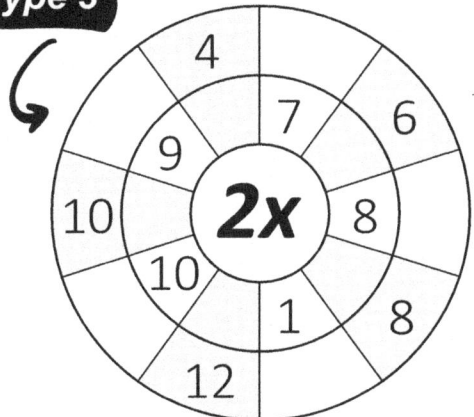 →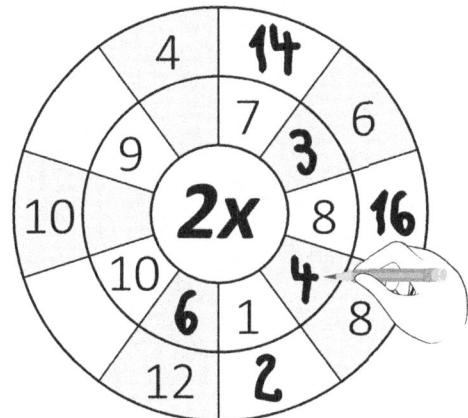

This Book Belongs To

....

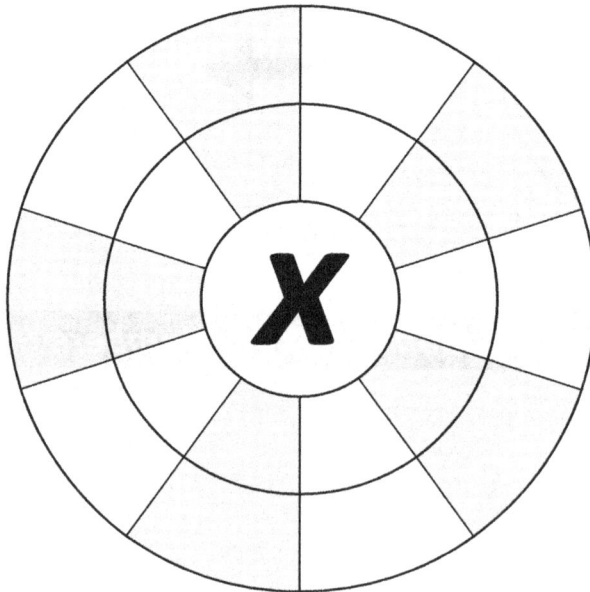

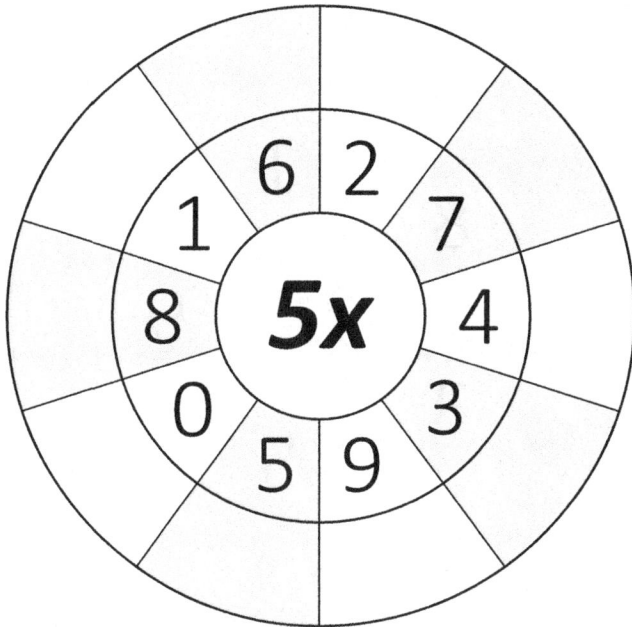

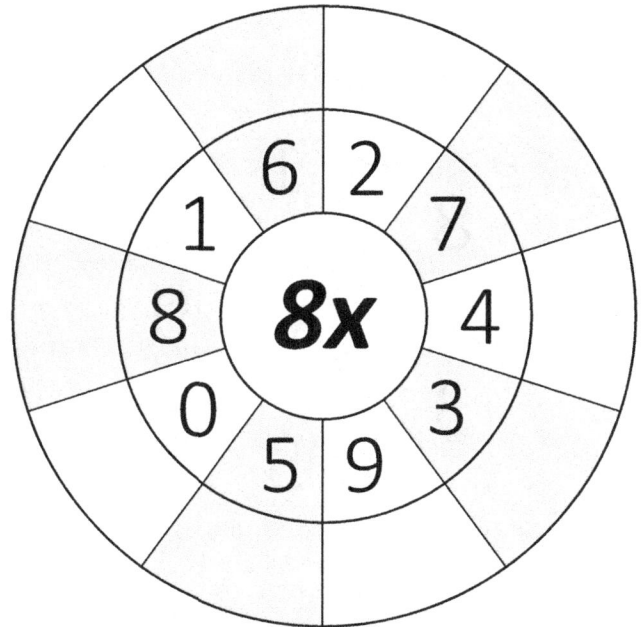

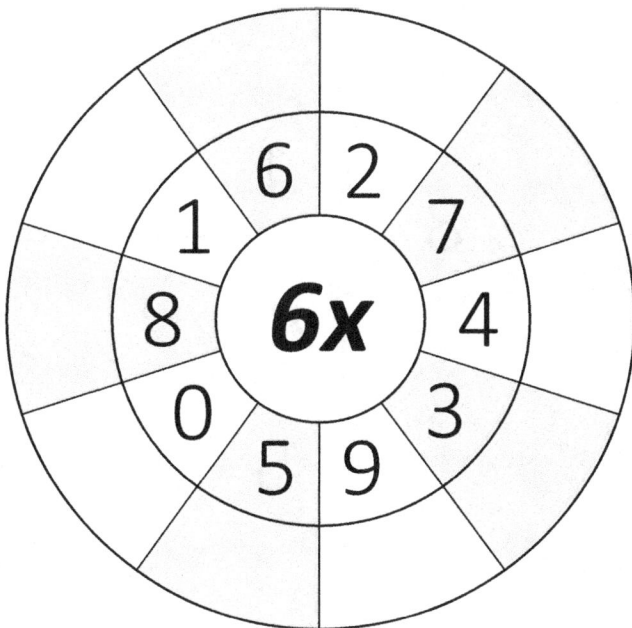

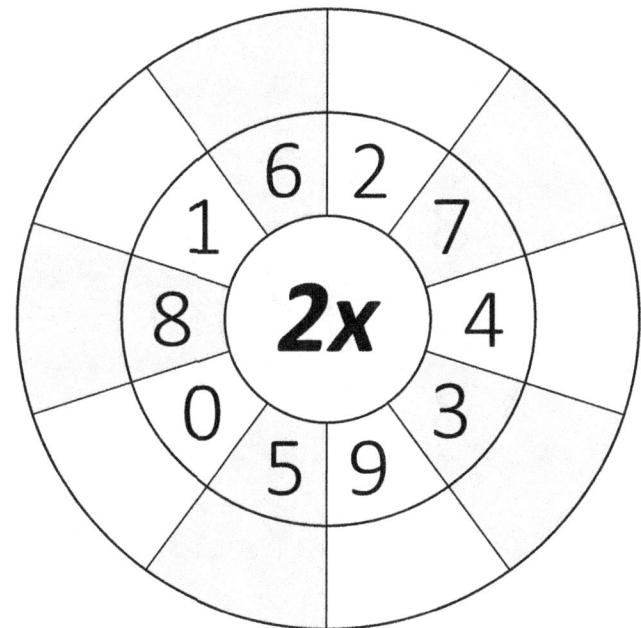

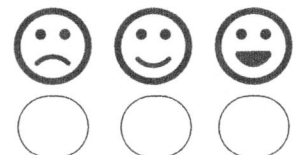

7x

6 1 8 4 2 9 3 0 7 5

4x

6 1 8 4 2 9 3 0 7 5

9x

6 1 8 4 2 9 3 0 7 5

1x

6 1 8 4 2 9 3 0 7 5

NAME :

DATE :

2x

5 6
8 3
2 4
1 9
0 7

7x

5 6
8 3
2 4
1 9
0 7

8x

5 6
8 3
2 4
1 9
0 7

5x

5 6
8 3
2 4
1 9
0 7

TIME :

SCORE :   /40

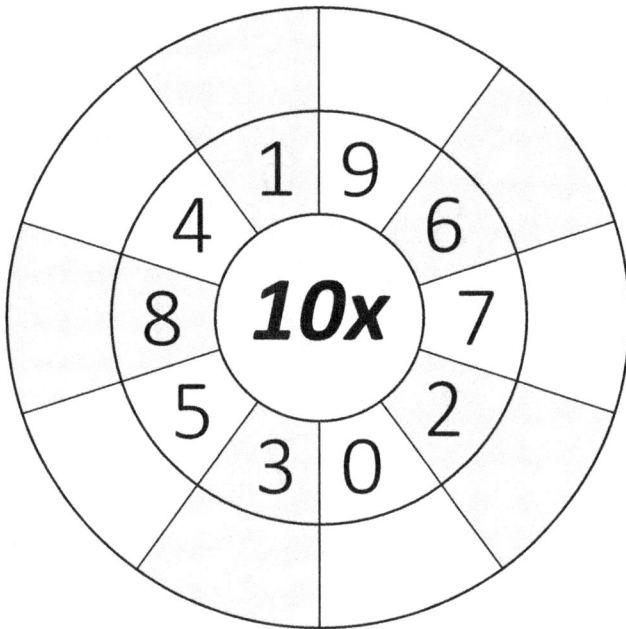

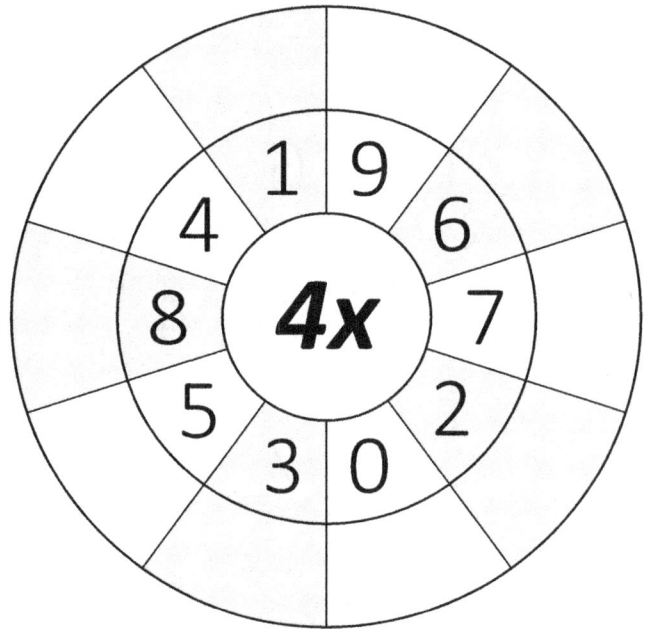

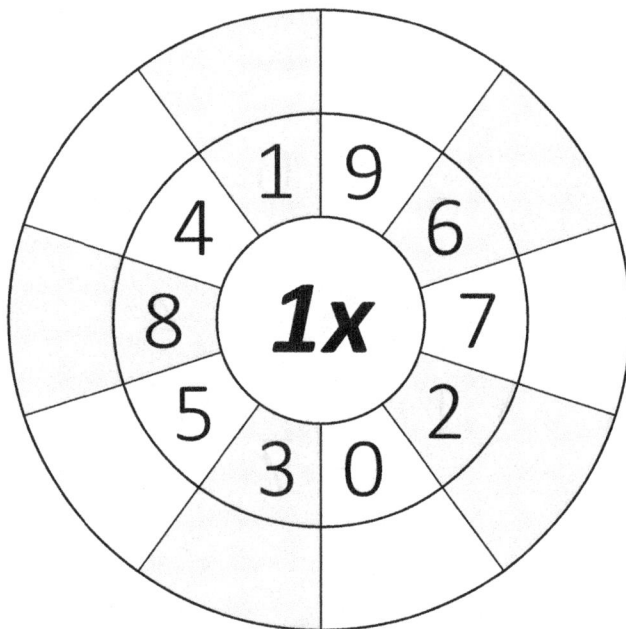

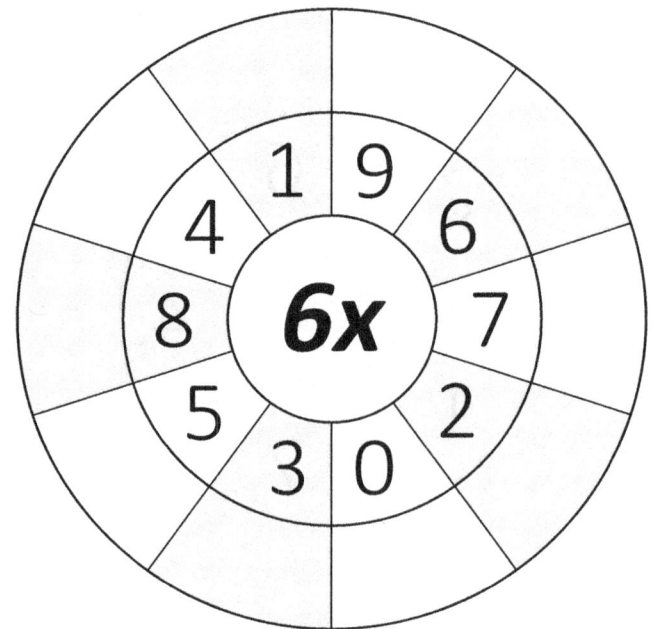

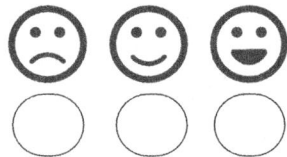

NAME :

DATE :

3x

1 8 5 7 2 9 6 0 4 3

5x

1 8 5 7 2 9 6 0 4 3

2x

1 8 5 7 2 9 6 0 4 3

7x

1 8 5 7 2 9 6 0 4 3

TIME :

SCORE : /40

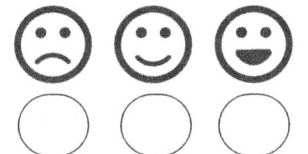

6x

8 6
7 2
9 **6x** 0
5 1
3 4

8x

8 6
7 2
9 **8x** 0
5 1
3 4

4x

8 6
7 2
9 **4x** 0
5 1
3 4

5x

8 6
7 2
9 **5x** 0
5 1
3 4

NAME :

DATE :

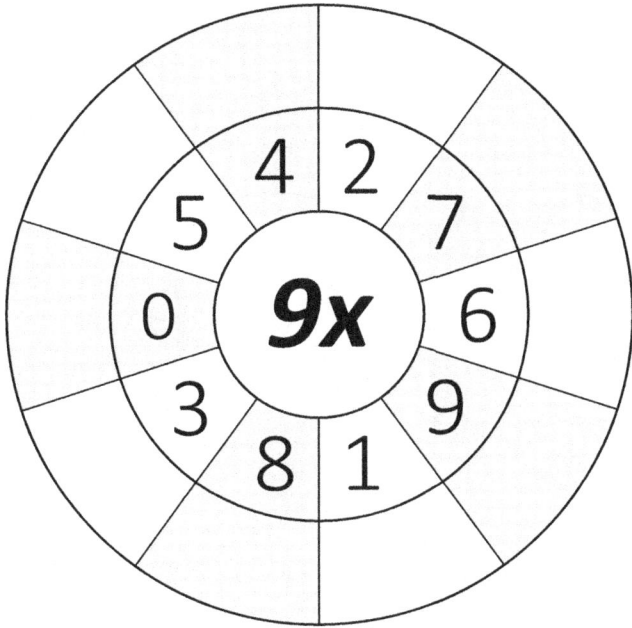

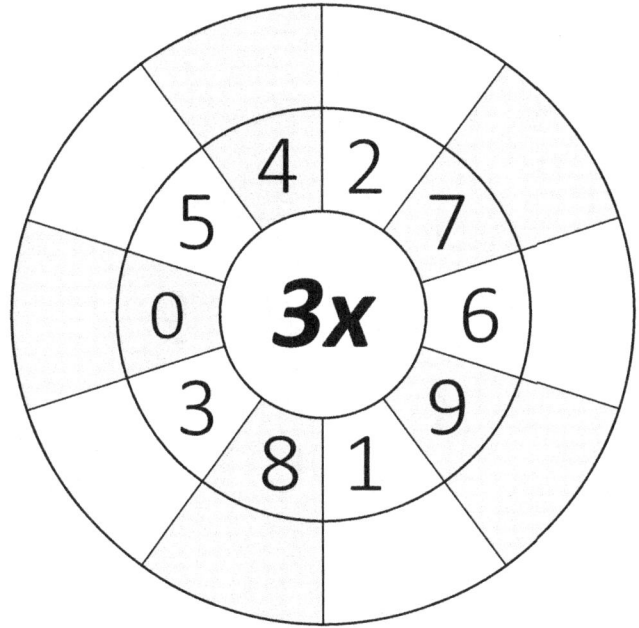

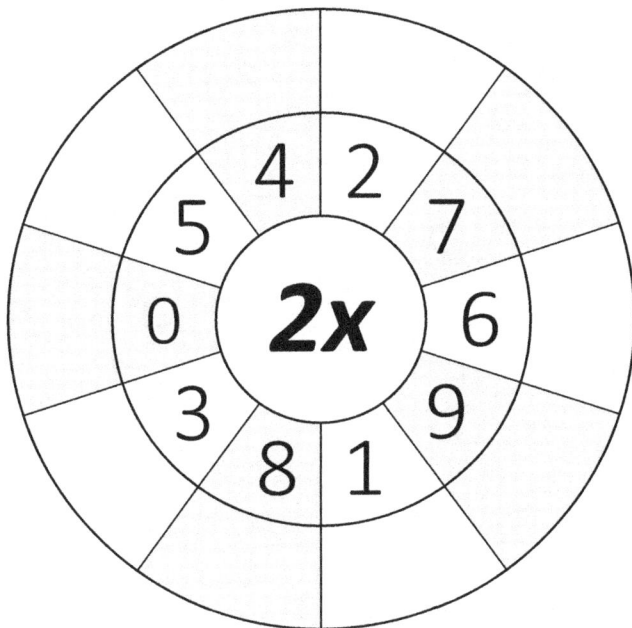

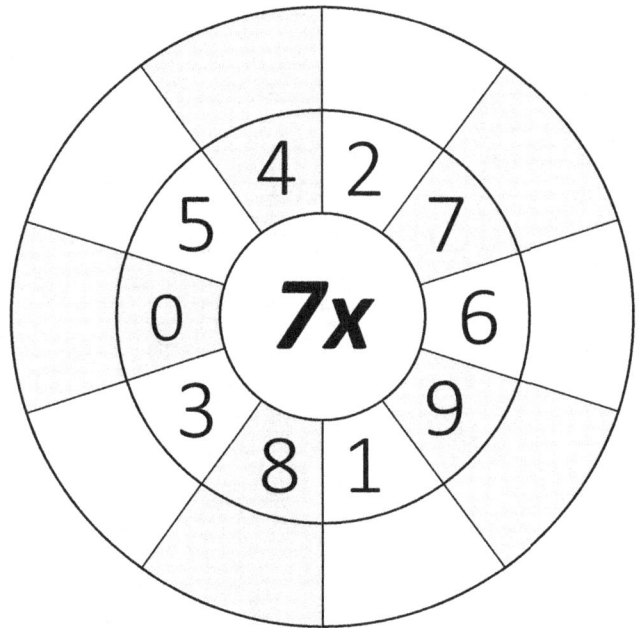

TIME :

SCORE :　/40

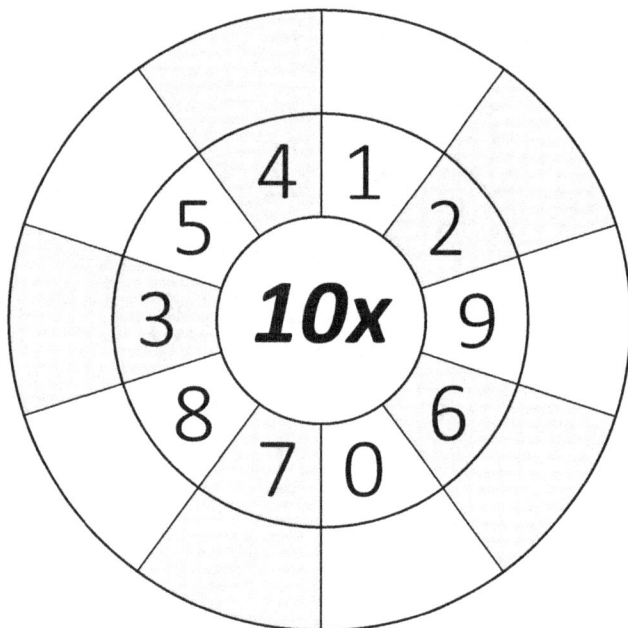

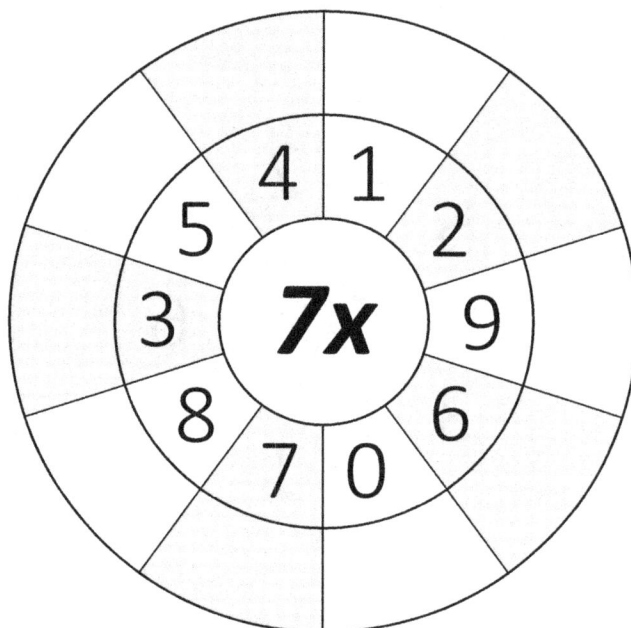

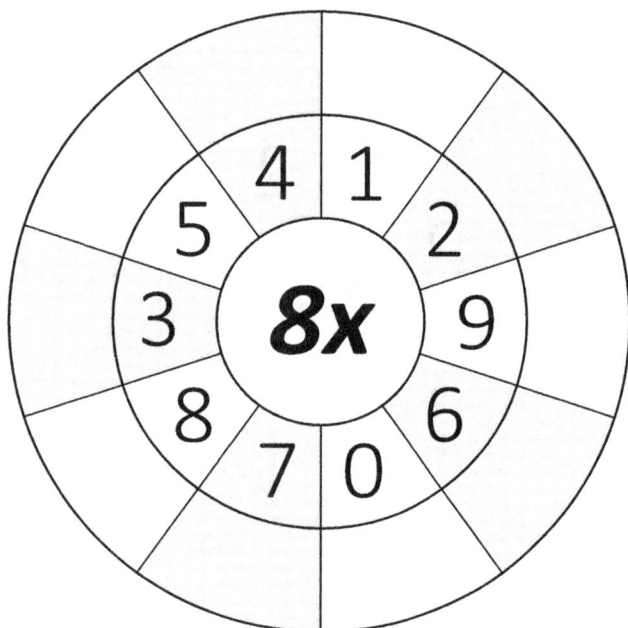

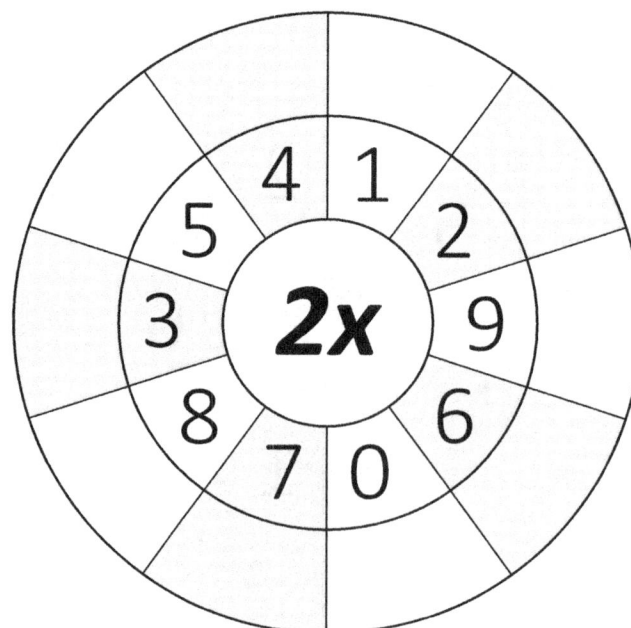

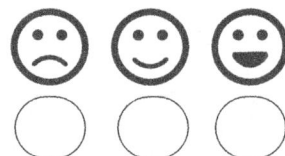

NAME :

DATE :

3x

8 0
6 1
4 5
9 2
3 7

9x

8 0
6 1
4 5
9 2
3 7

5x

8 0
6 1
4 5
9 2
3 7

2x

8 0
6 1
4 5
9 2
3 7

TIME :

SCORE : /40

NAME :

DATE :

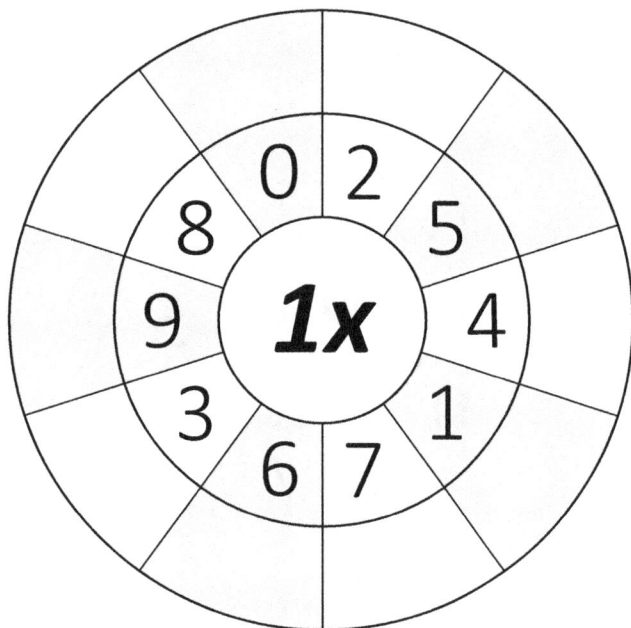

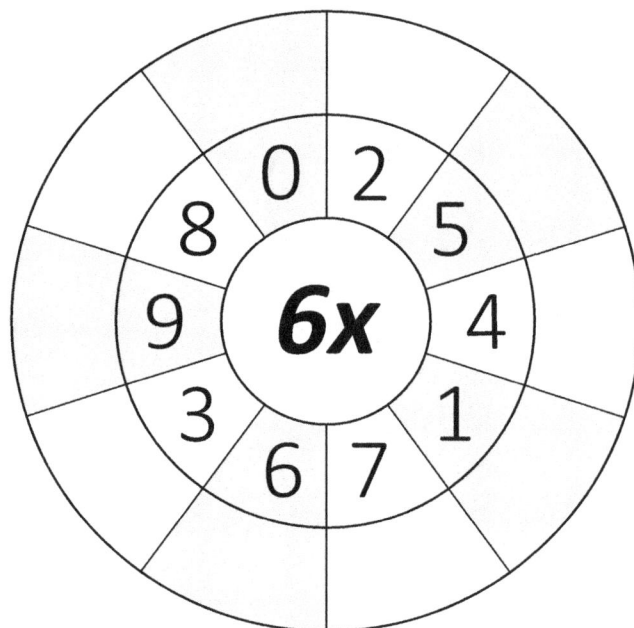

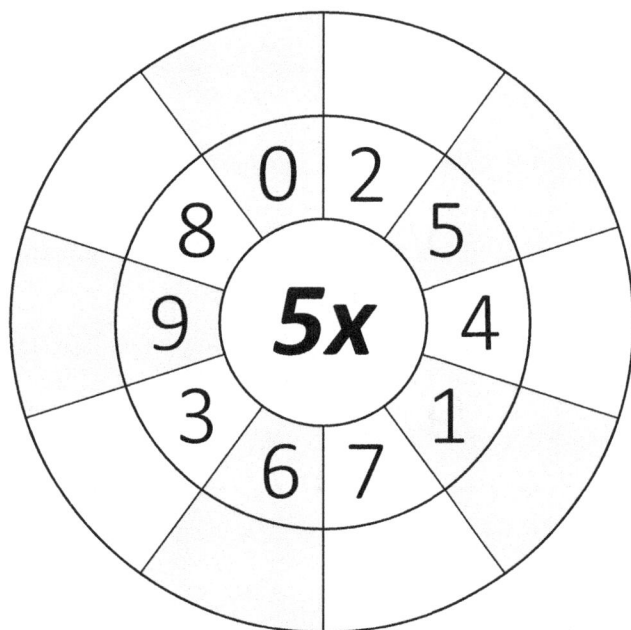

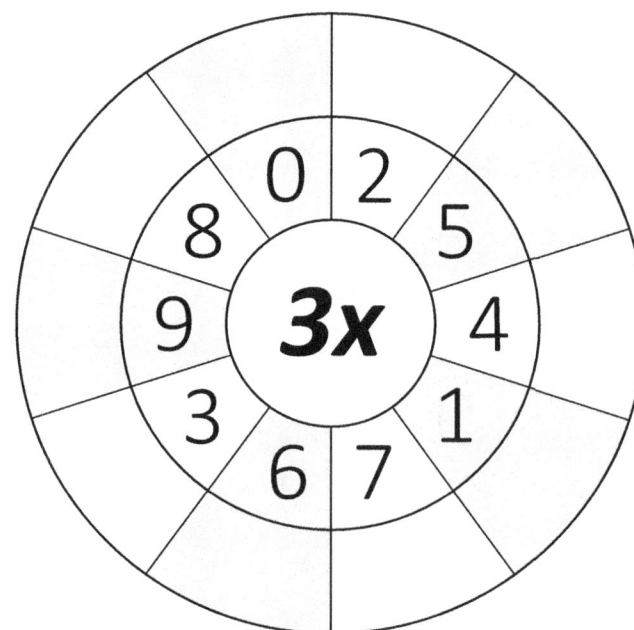

TIME :

SCORE :   /40

NAME :

DATE :

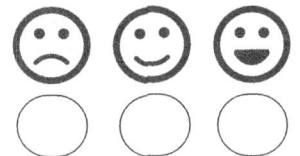

9x

8 4 6 5 3 0 2 7 1 9

7x

8 4 6 5 3 0 2 7 1 9

10x

8 4 6 5 3 0 2 7 1 9

8x

8 4 6 5 3 0 2 7 1 9

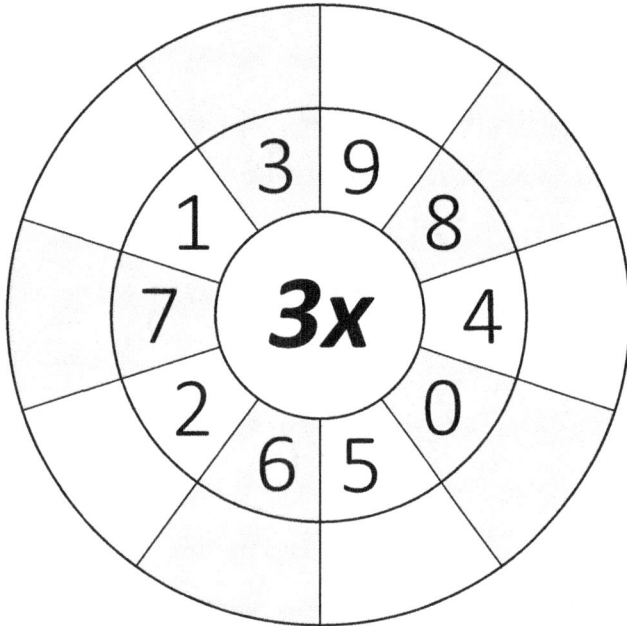

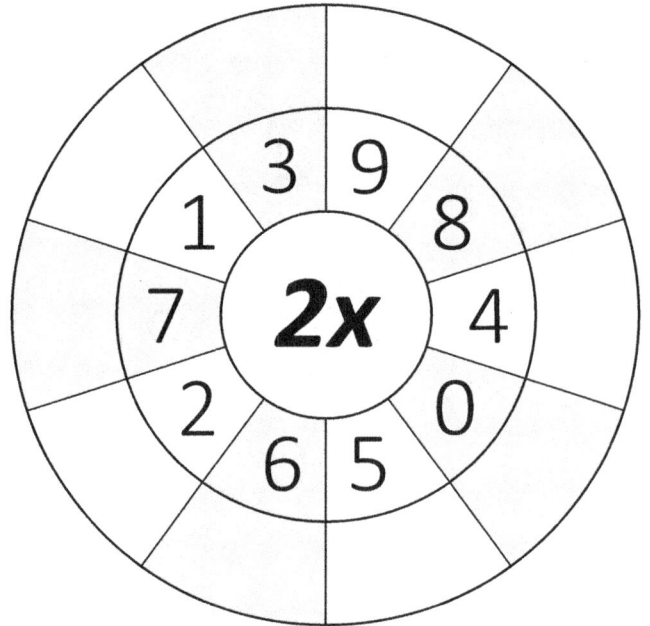

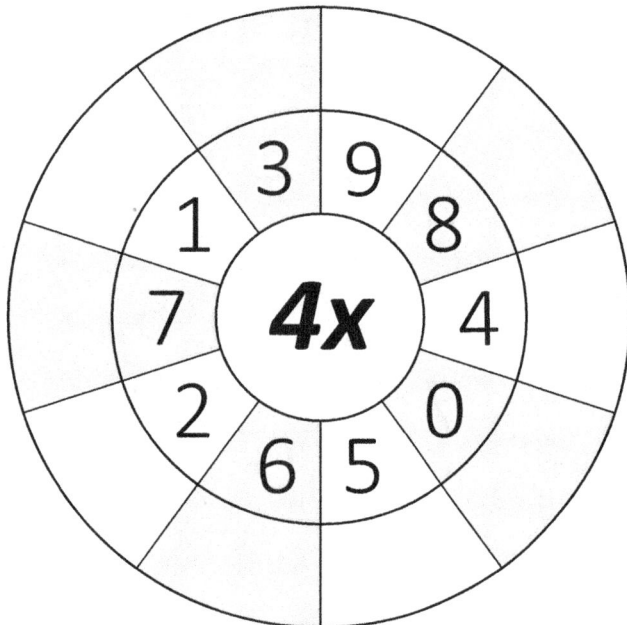

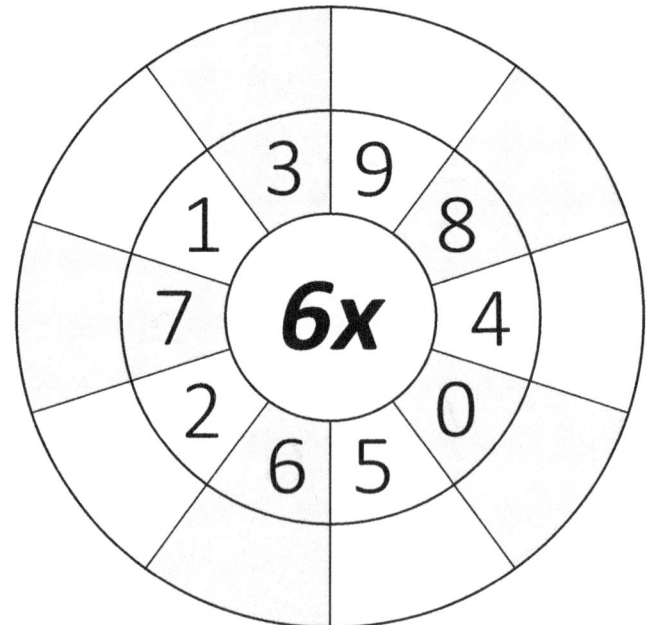

NAME :

DATE :

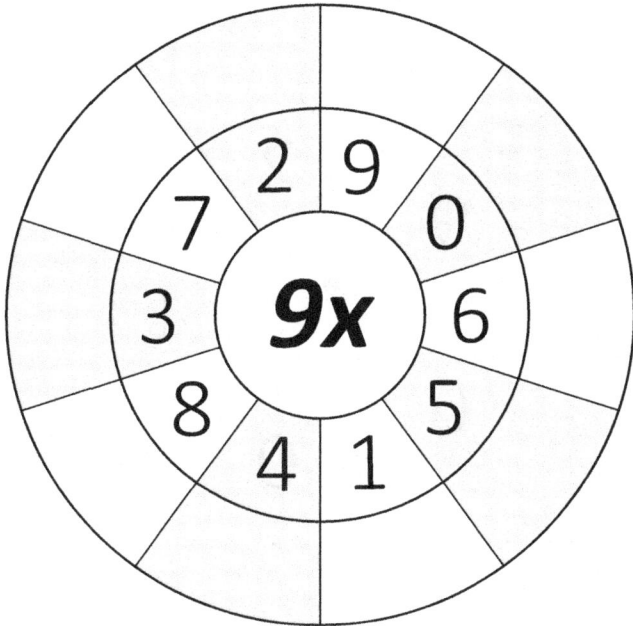

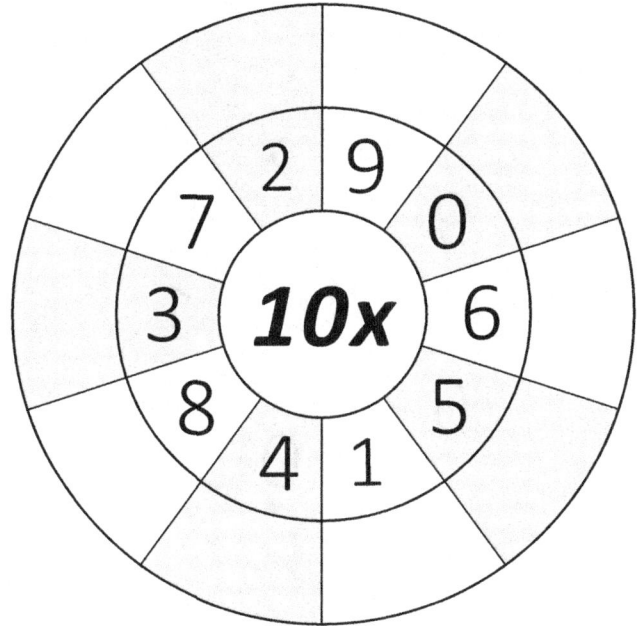

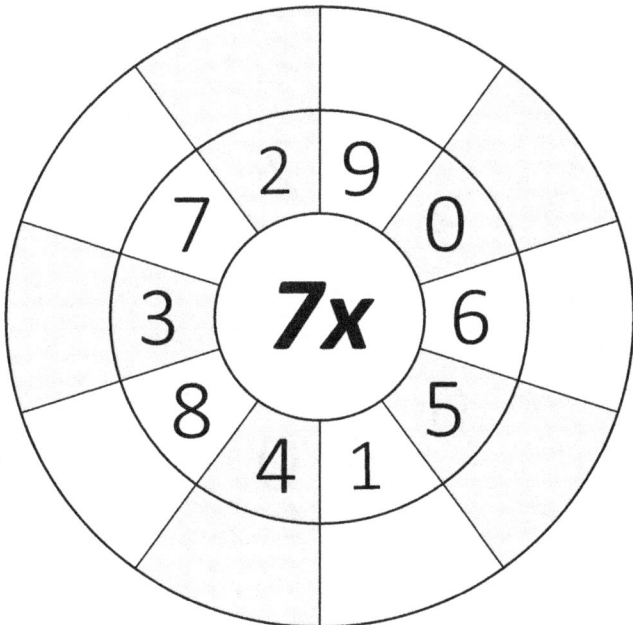

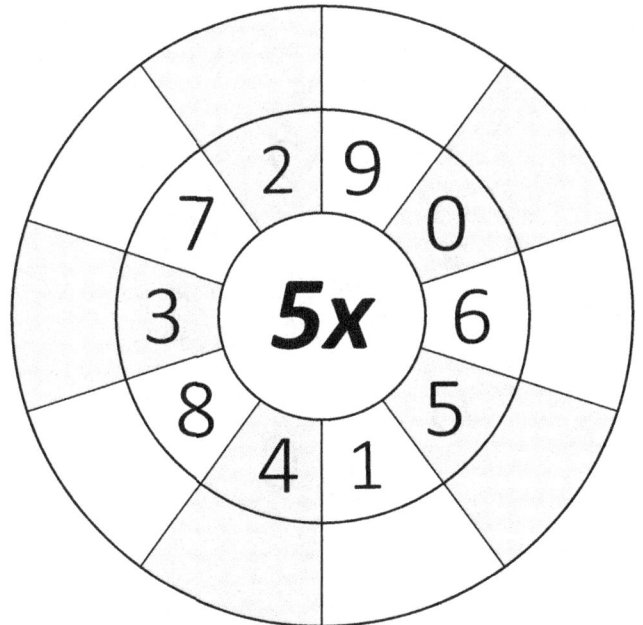

TIME :

SCORE : /40

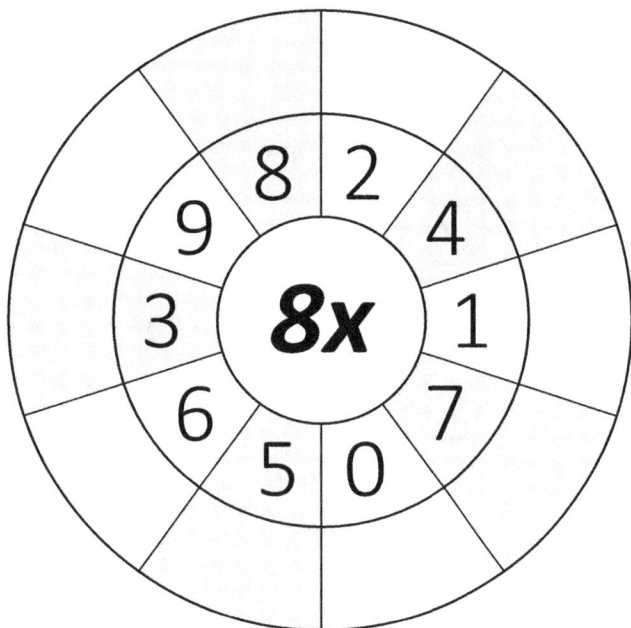

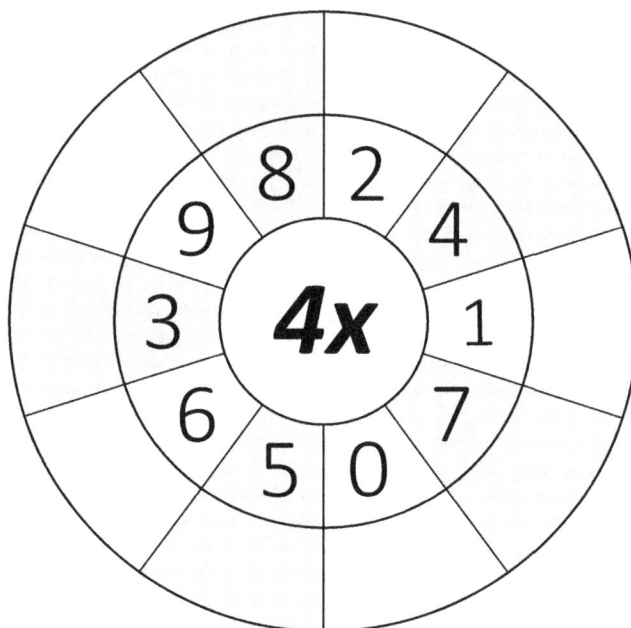

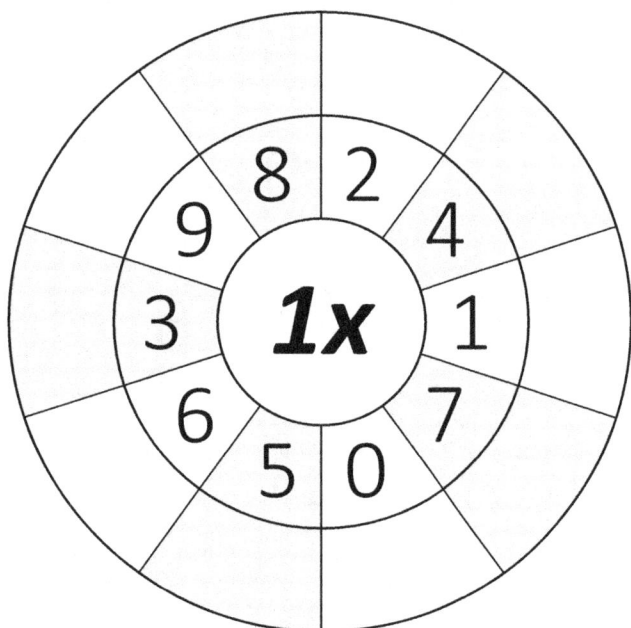

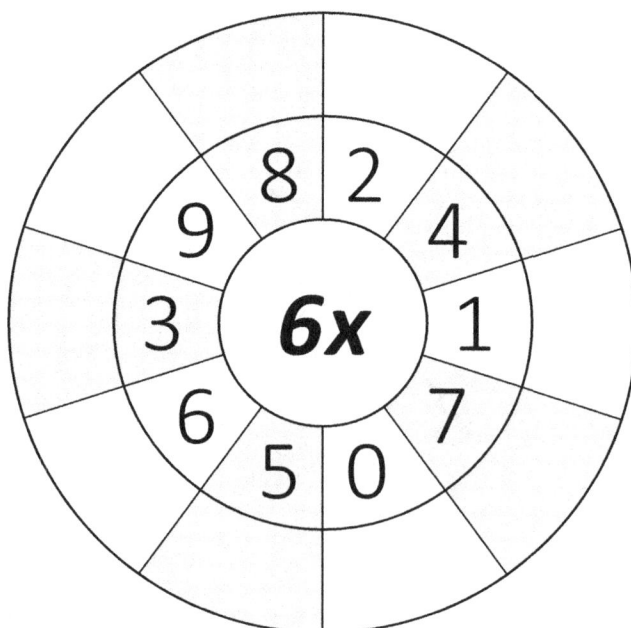

NAME :

DATE :

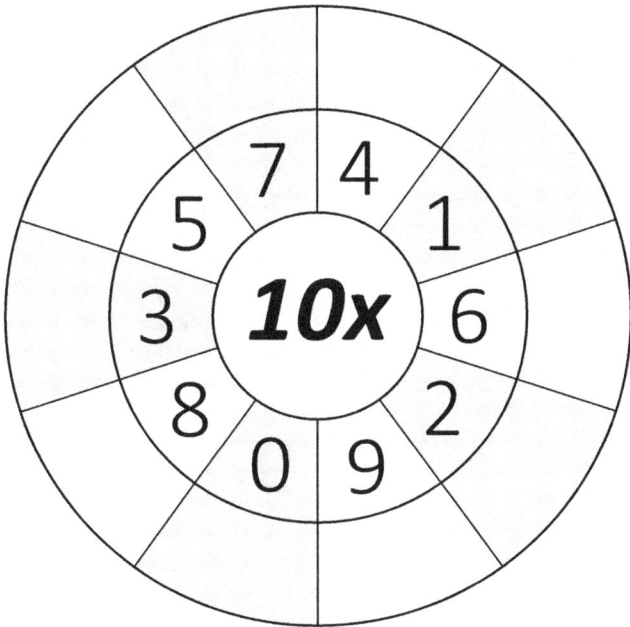

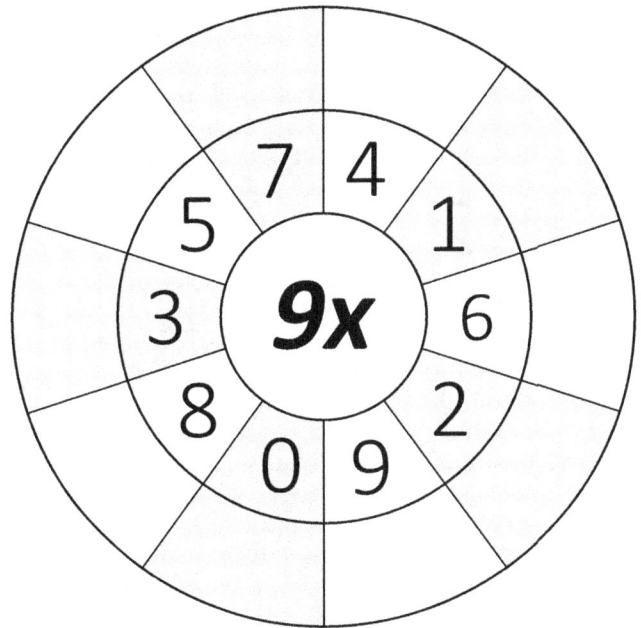

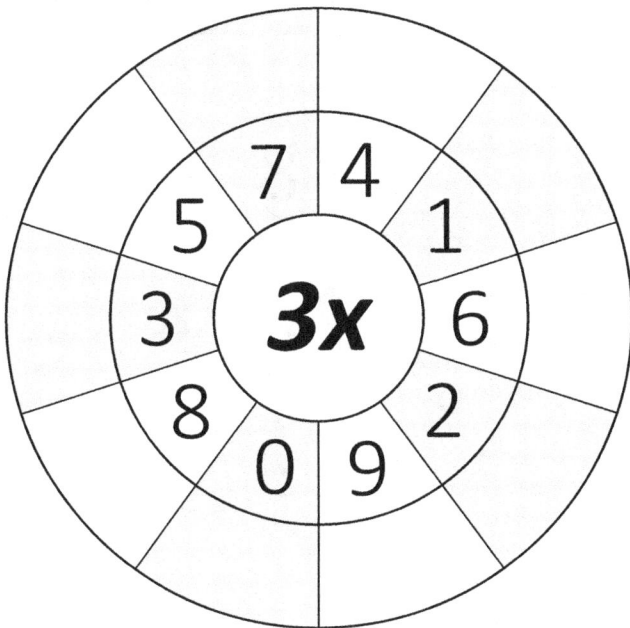

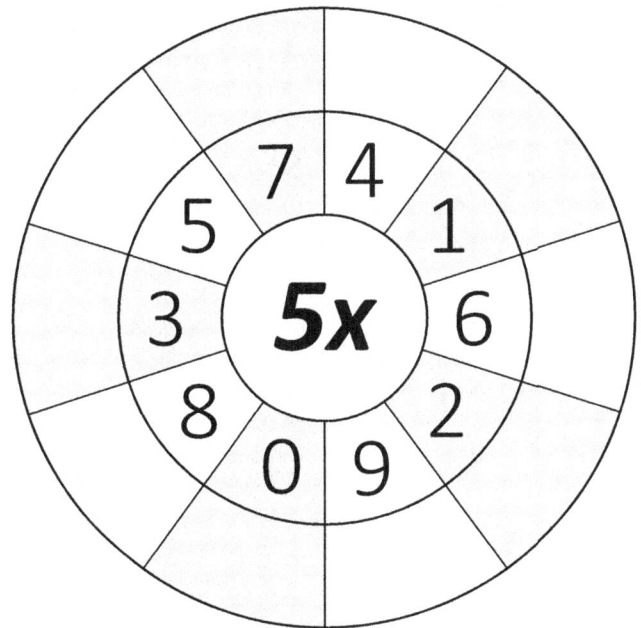

TIME :

SCORE : /40

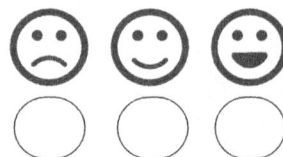

7x

11x

6x

9x

NAME :

DATE :

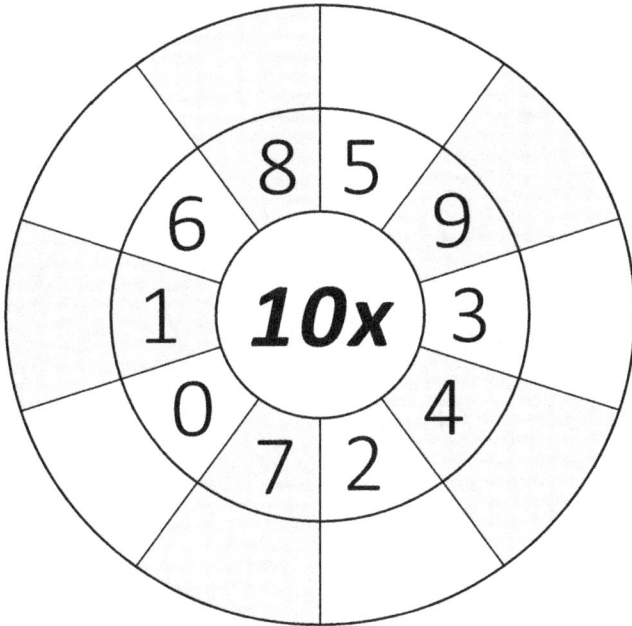

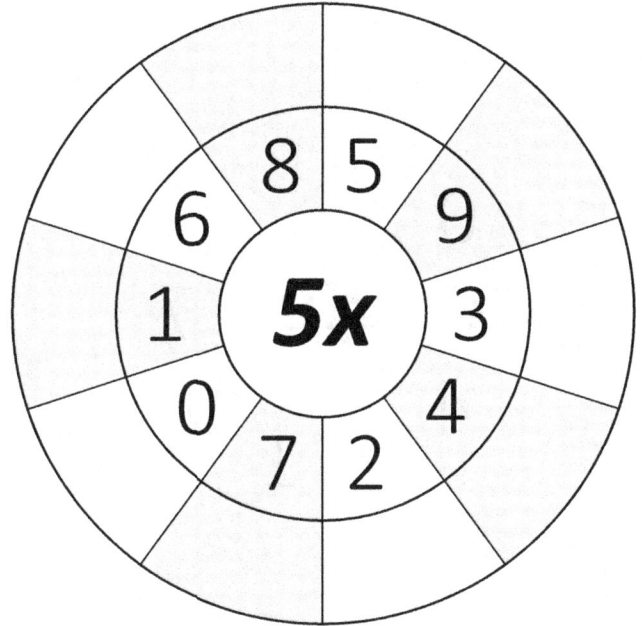

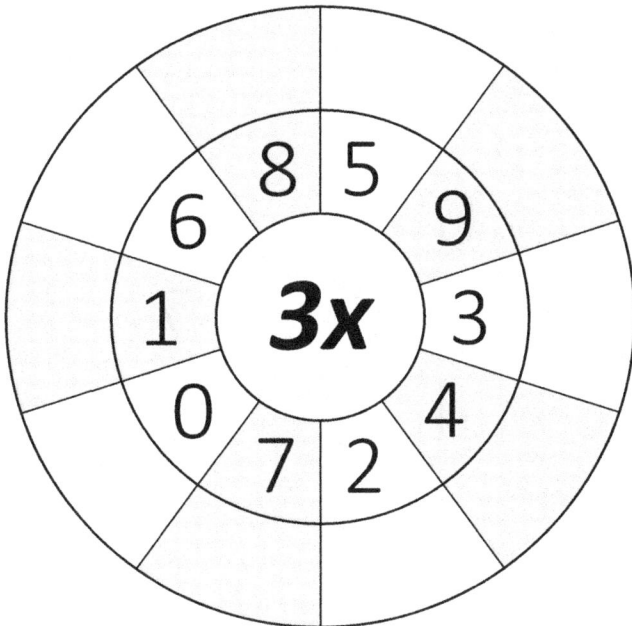

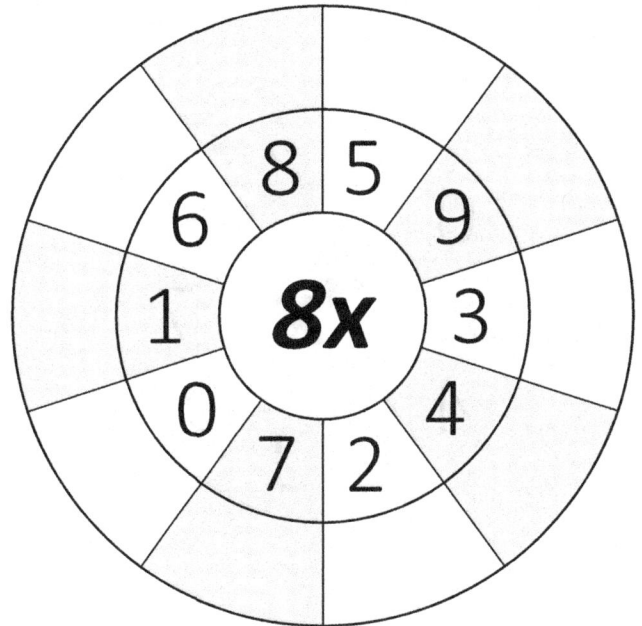

TIME :

SCORE :   /40

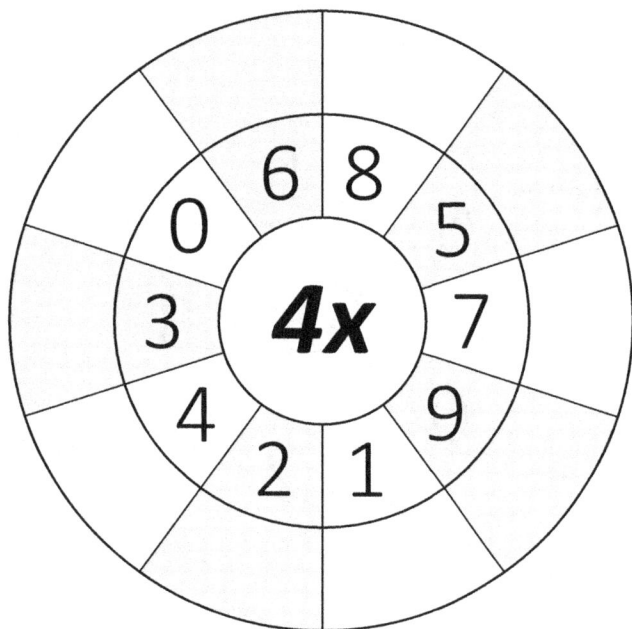

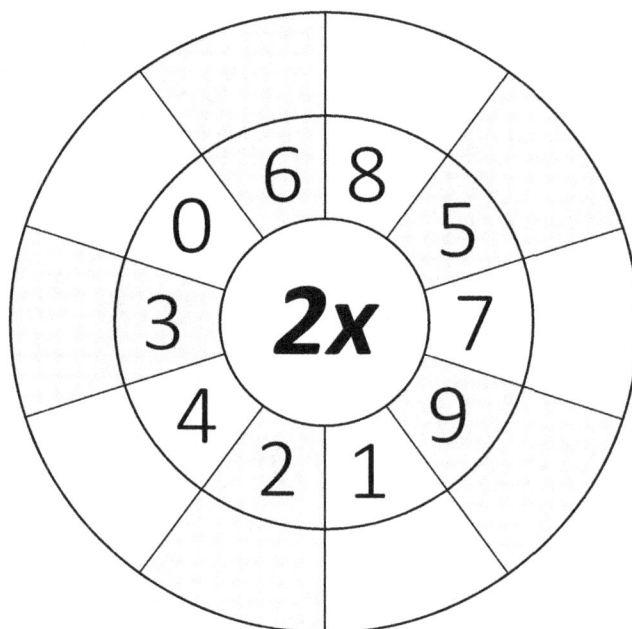

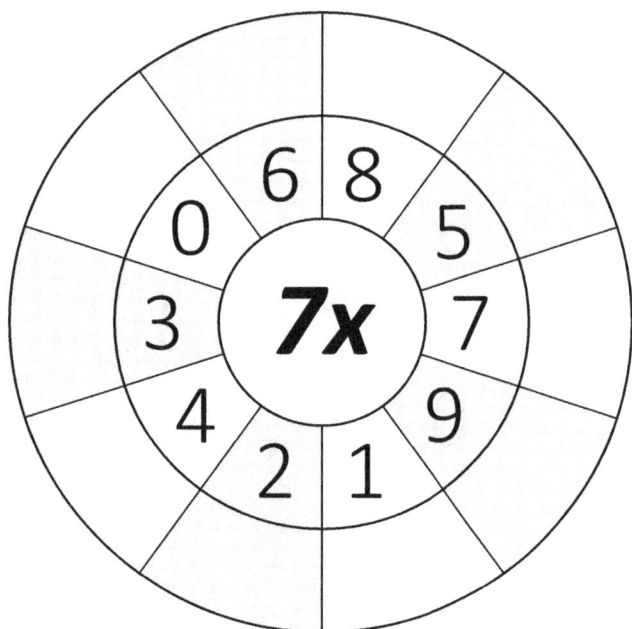

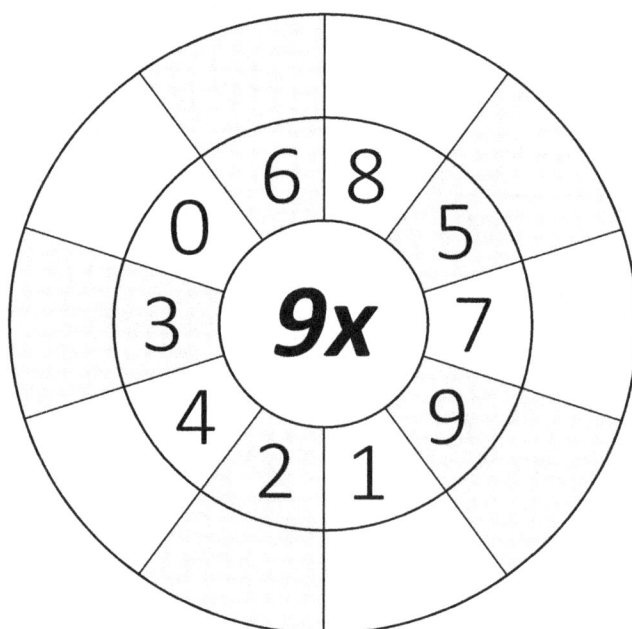

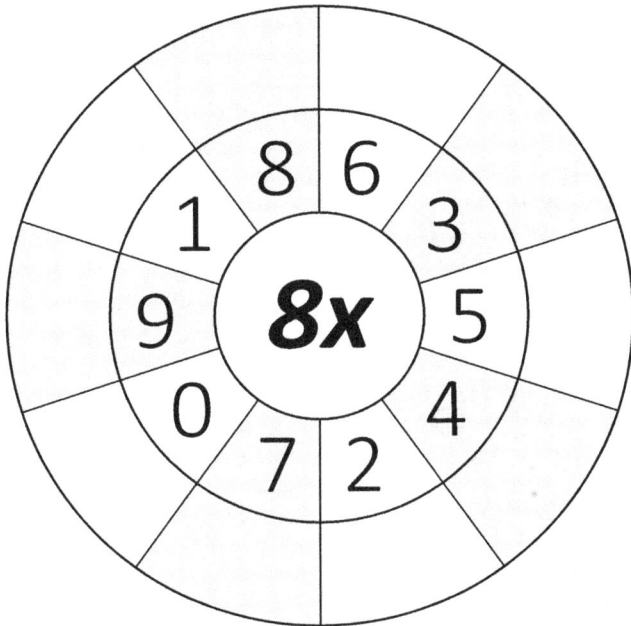

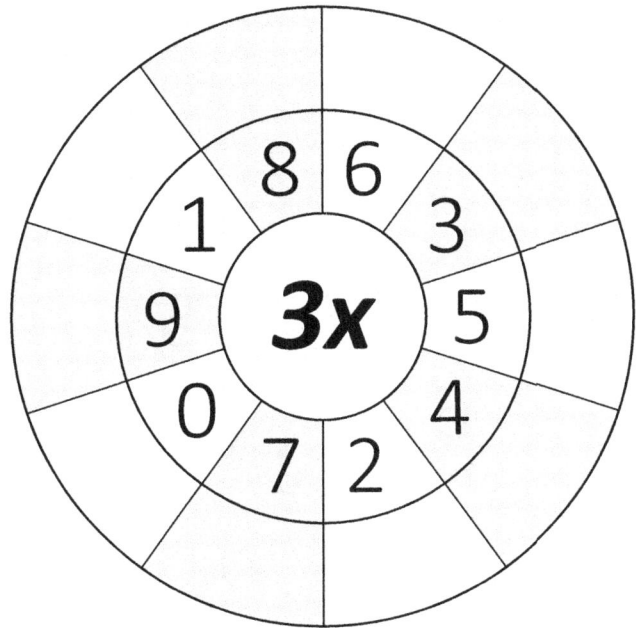

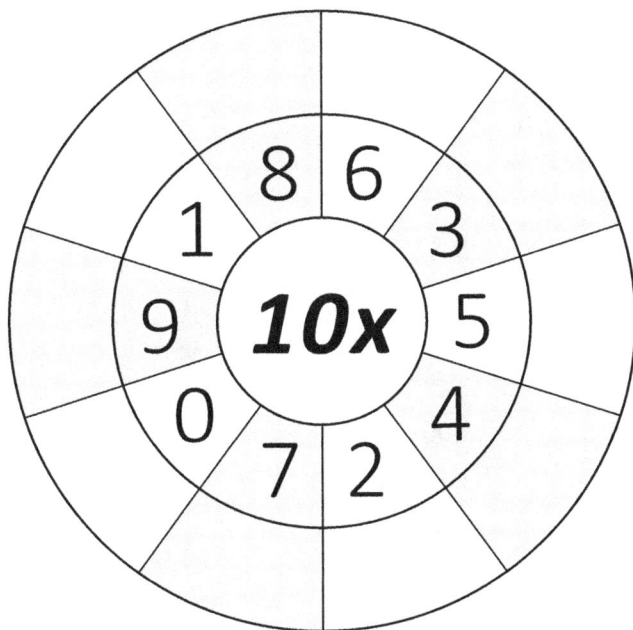

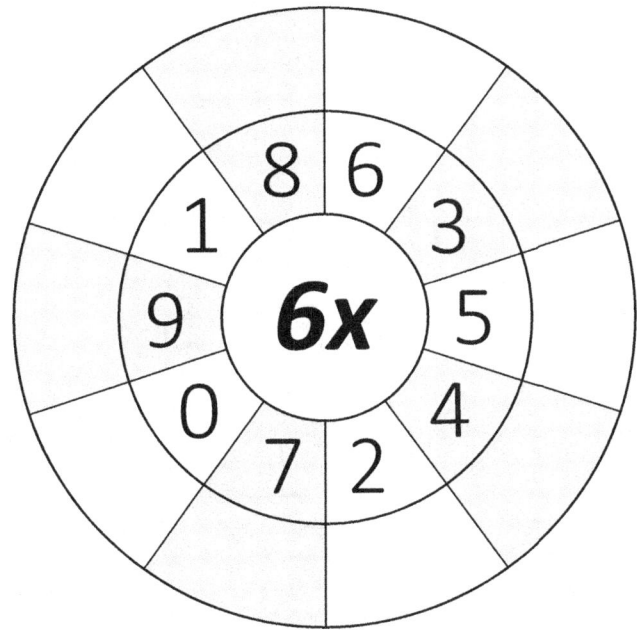

TIME :

SCORE : /40

NAME :

DATE :

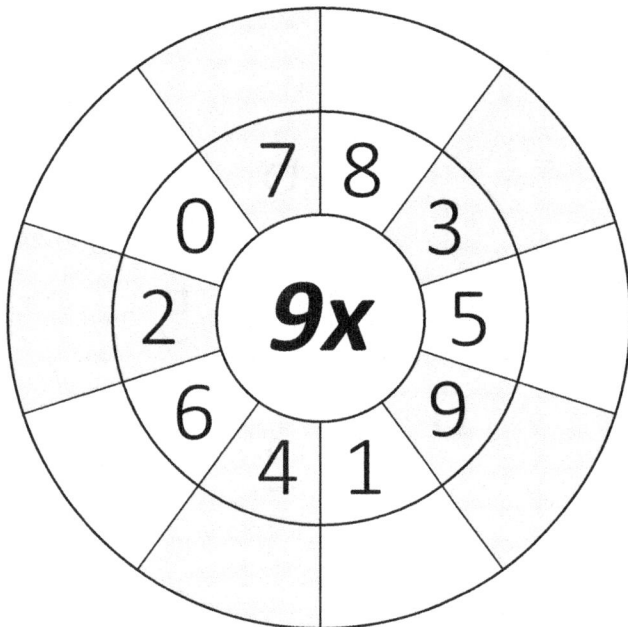

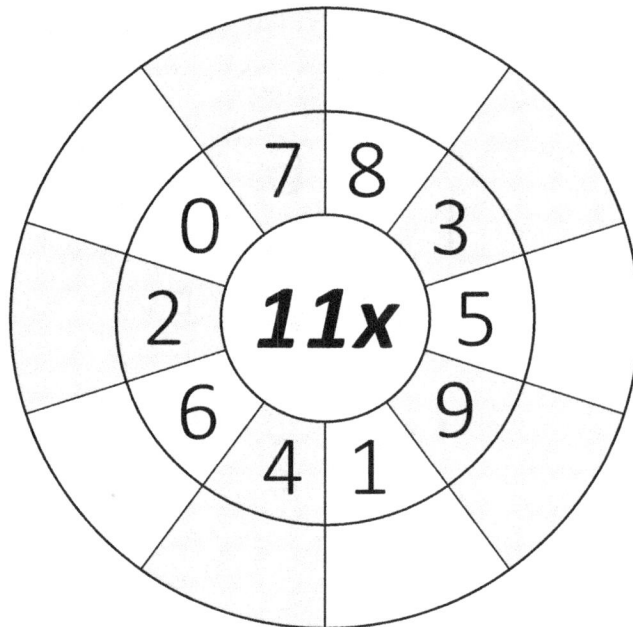

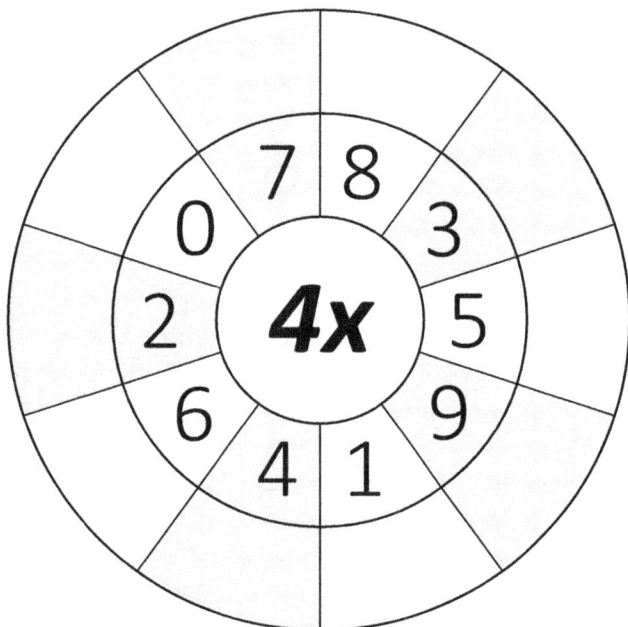

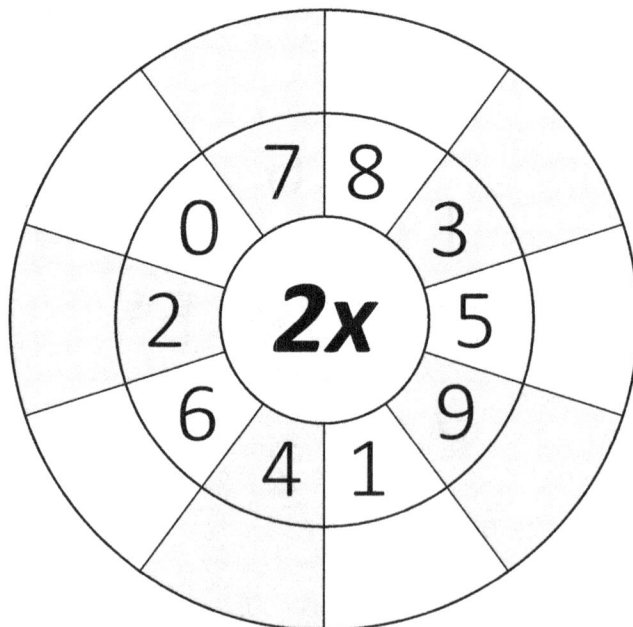

TIME :

SCORE :   /40

NAME :

DATE :

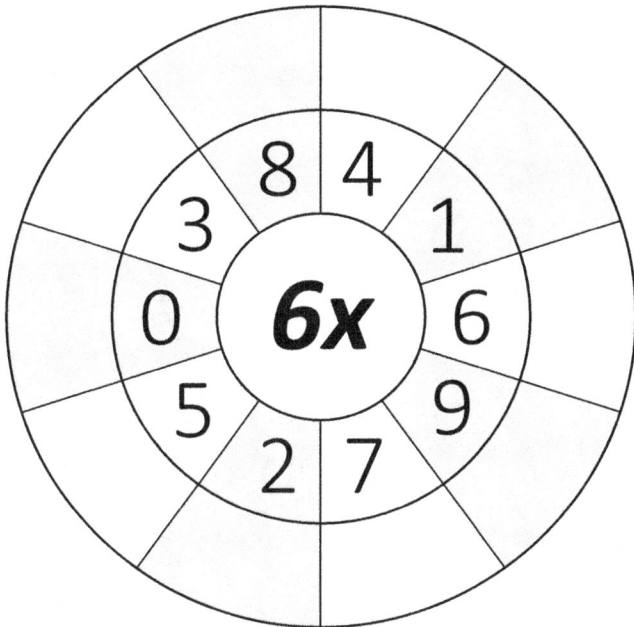

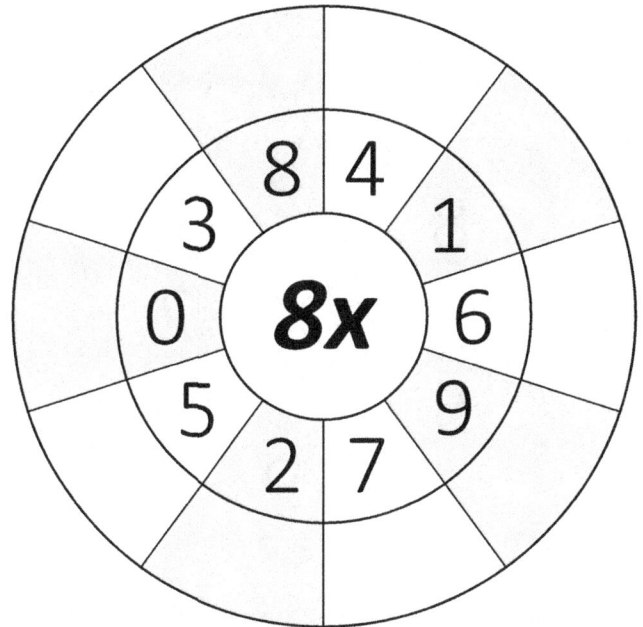

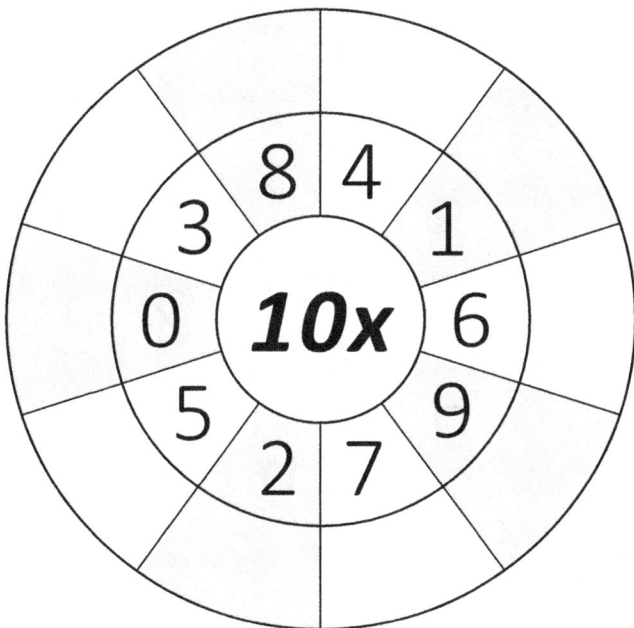

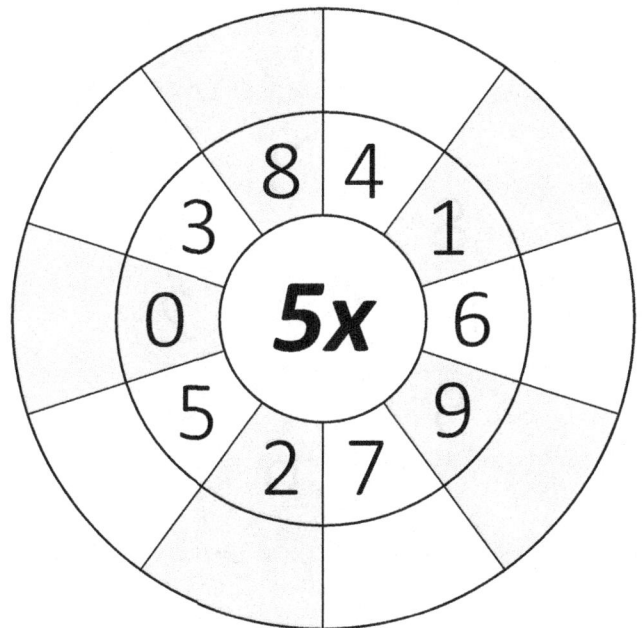

TIME :

SCORE : /40

NAME :

DATE :

4x

7x

9x

3x

TIME :

SCORE : /40

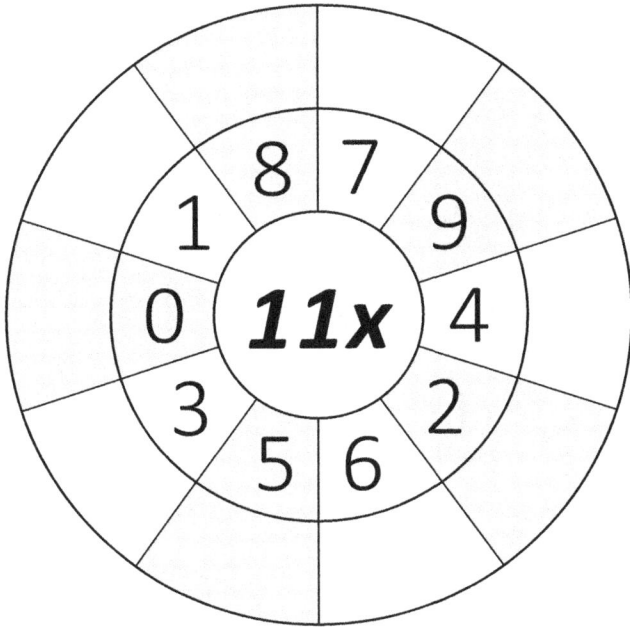

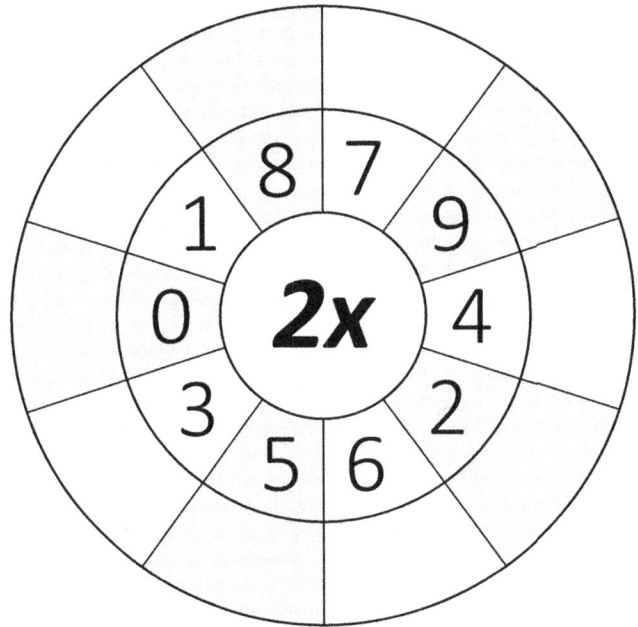

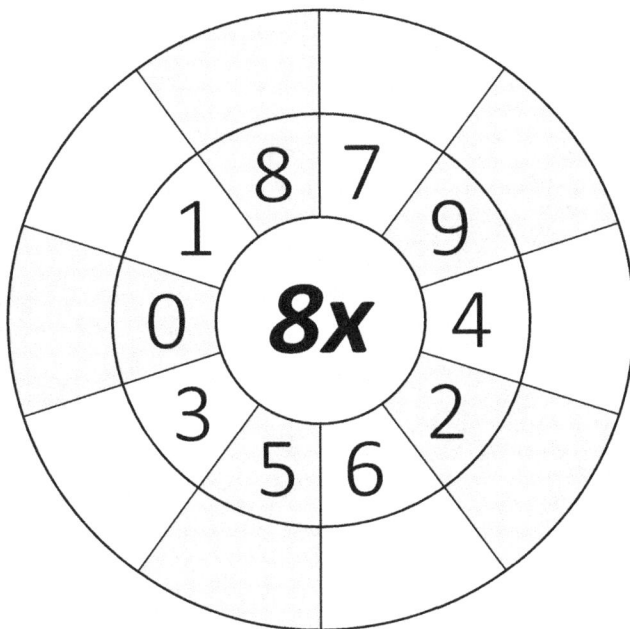

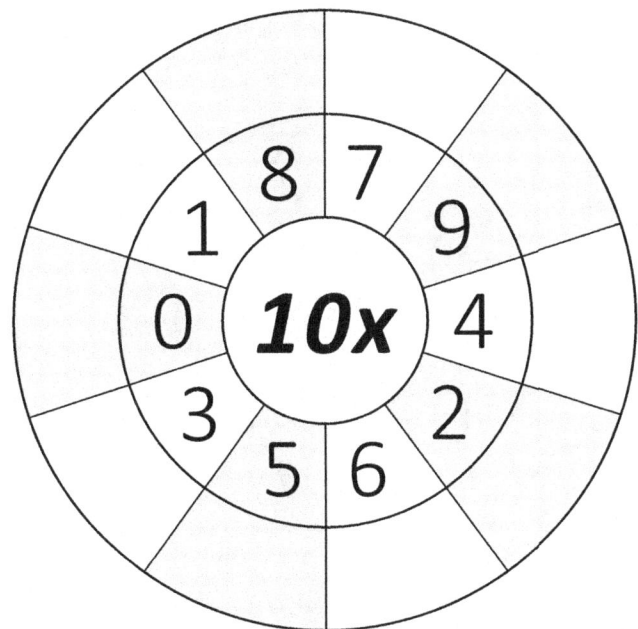

NAME :

DATE :

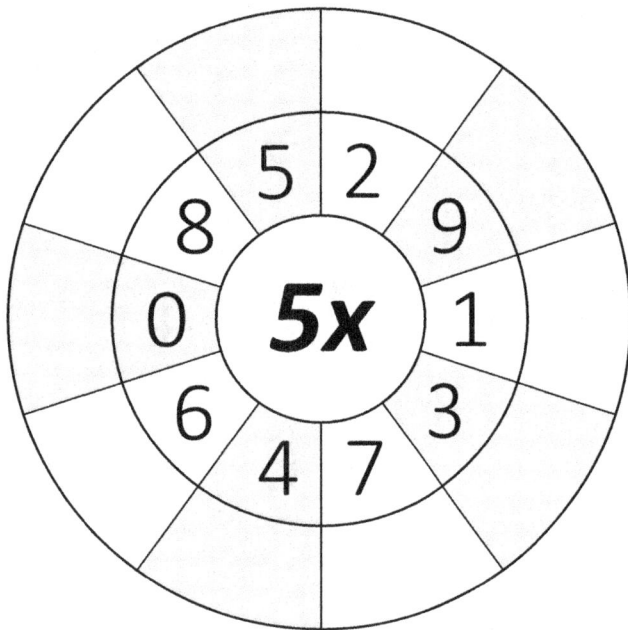

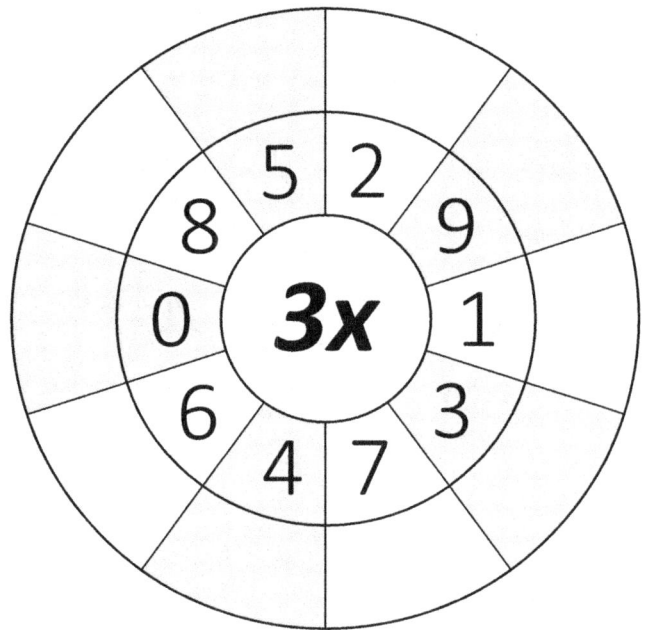

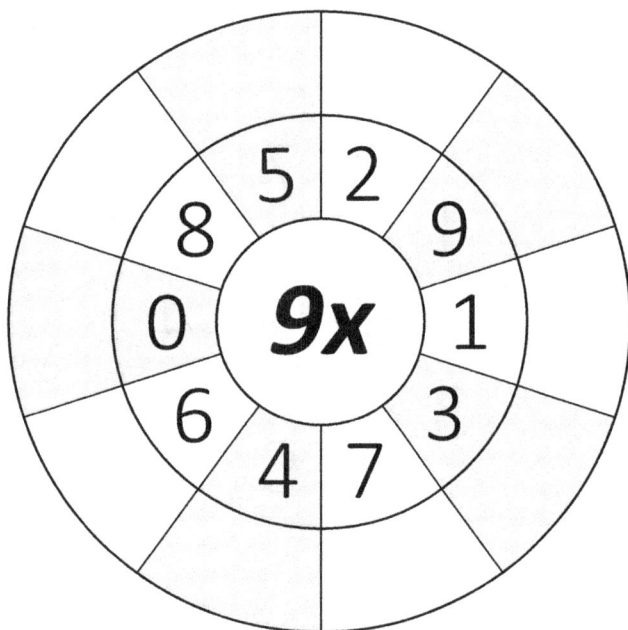

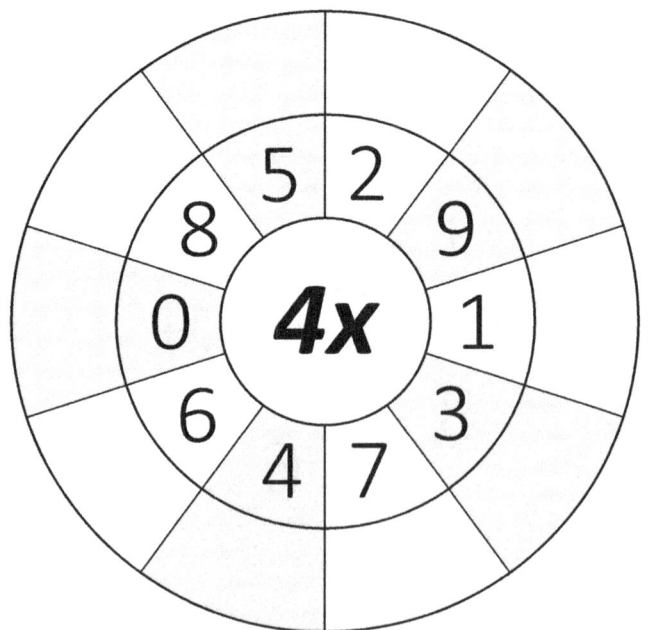

TIME :

SCORE :   /40

NAME :

DATE :

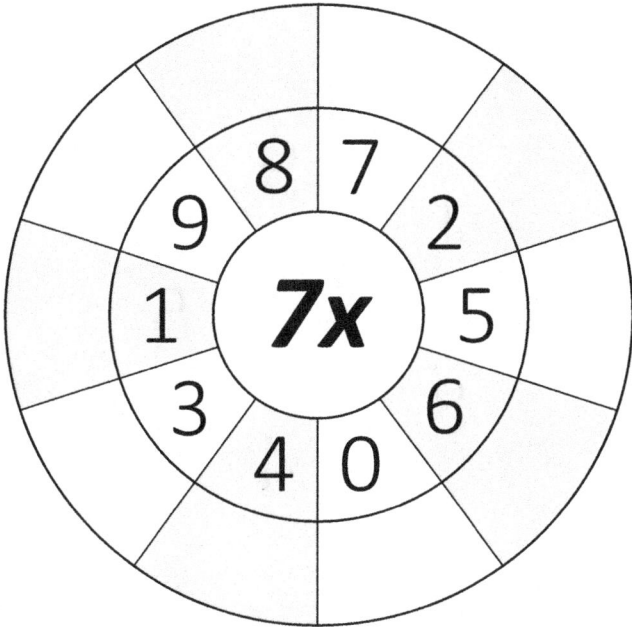

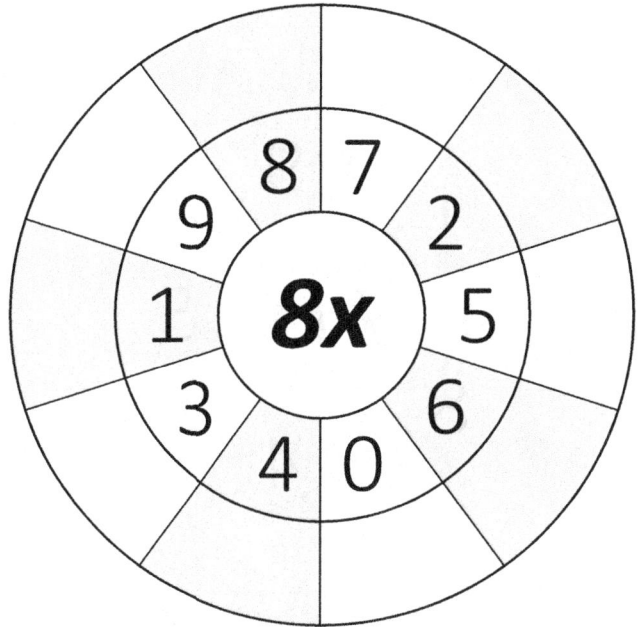

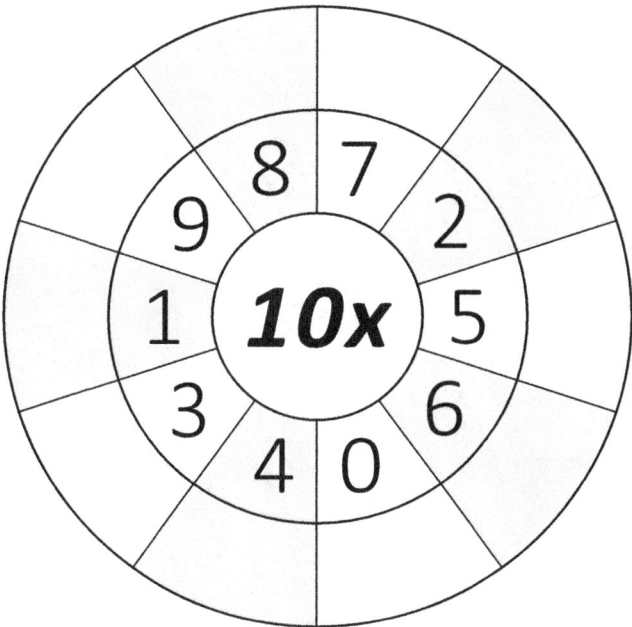

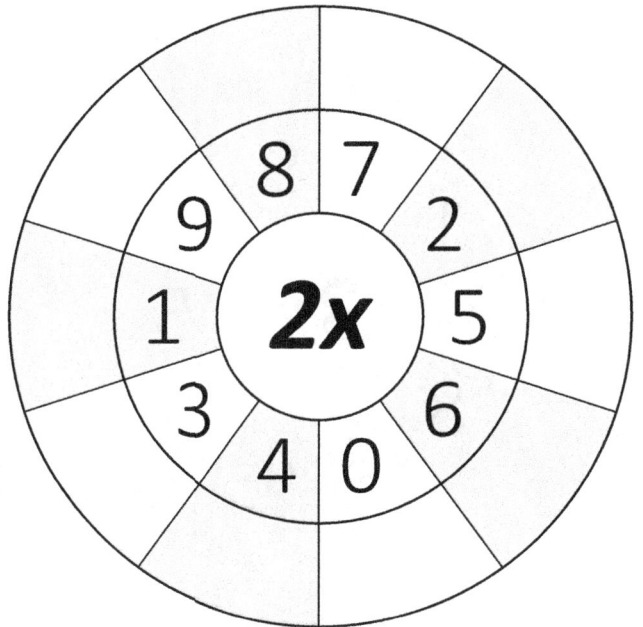

TIME :

SCORE :   /40

NAME :

DATE :

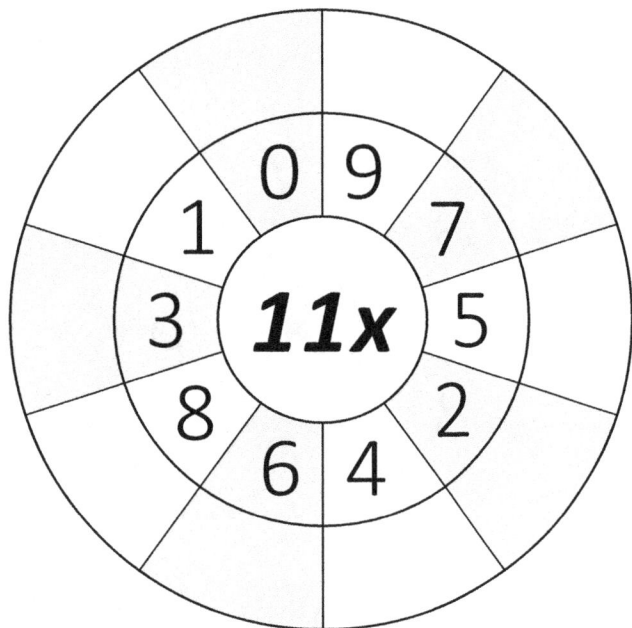

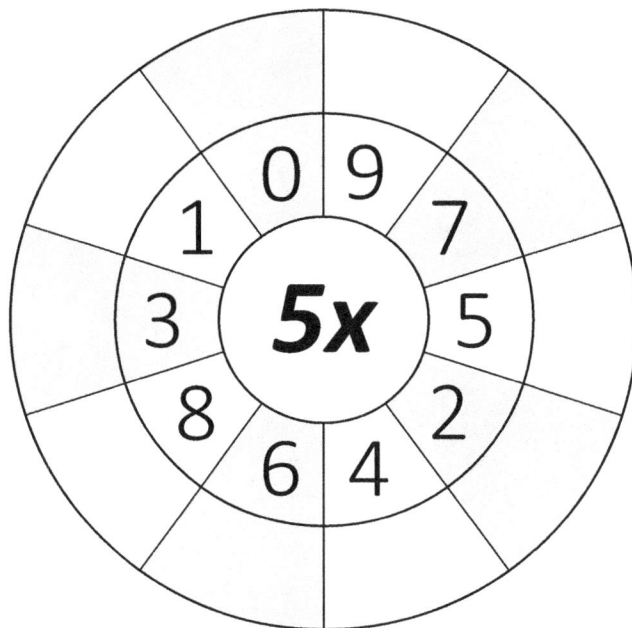

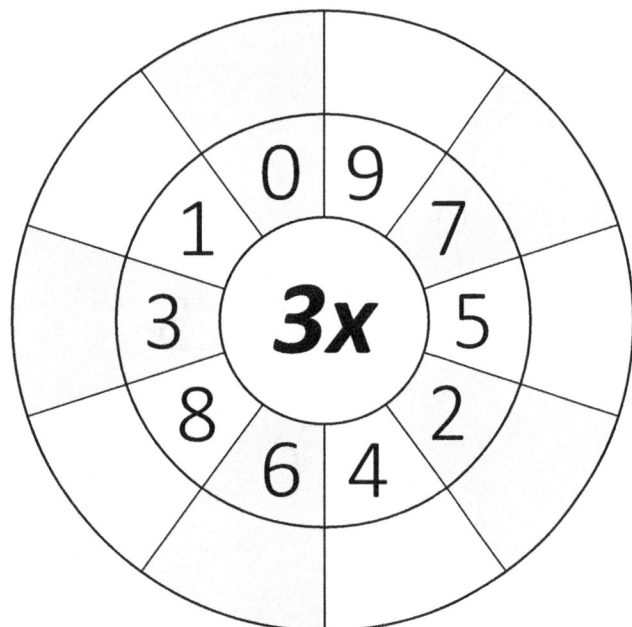

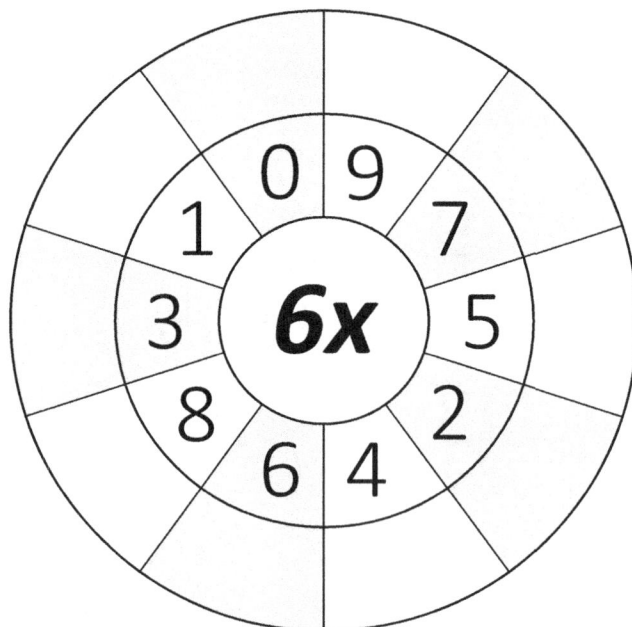

TIME :

SCORE : /40

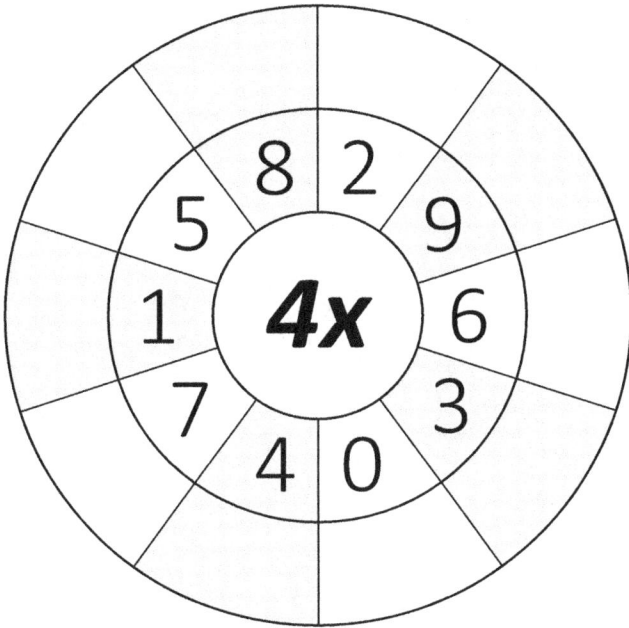

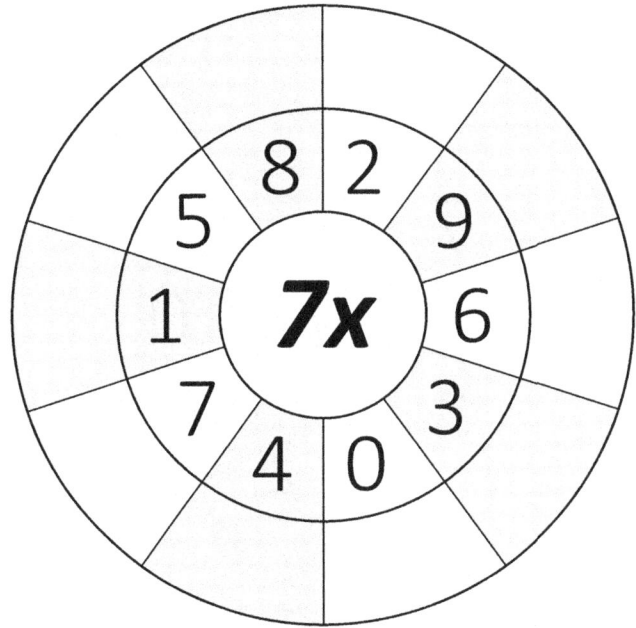

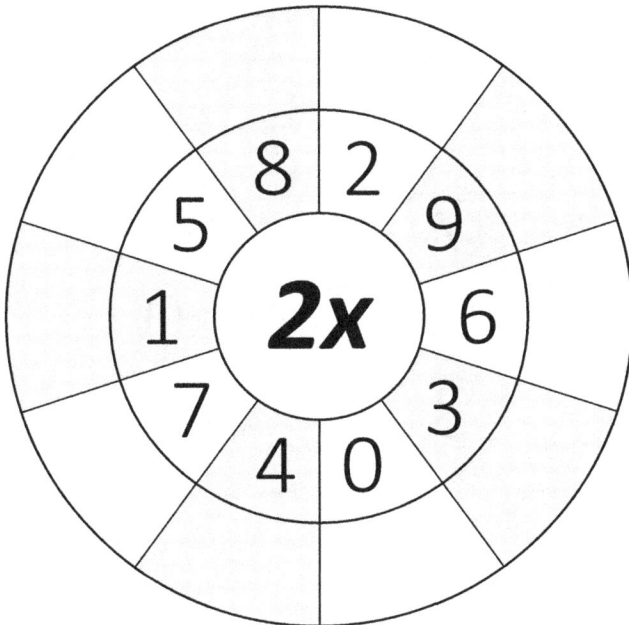

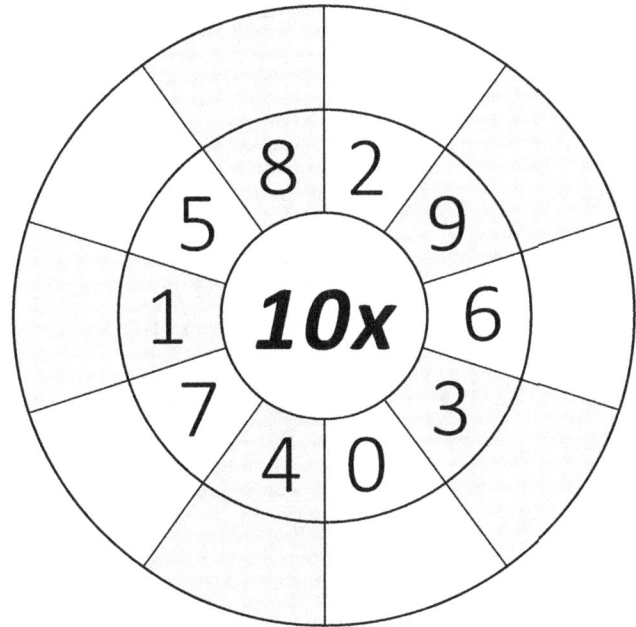

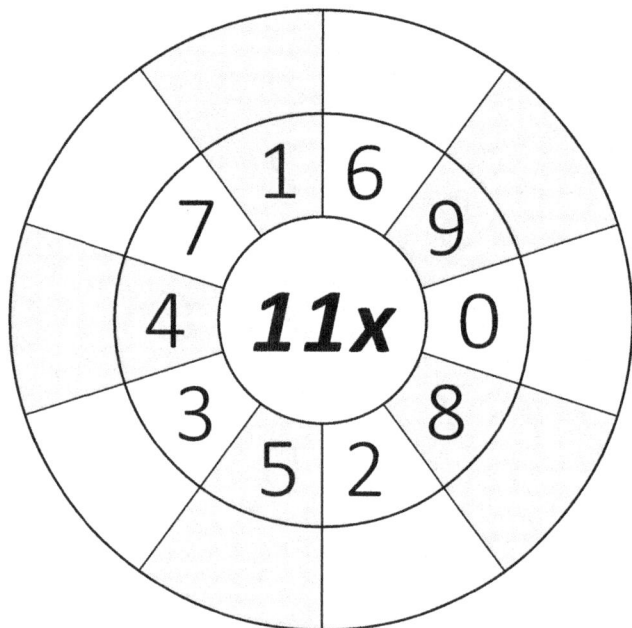

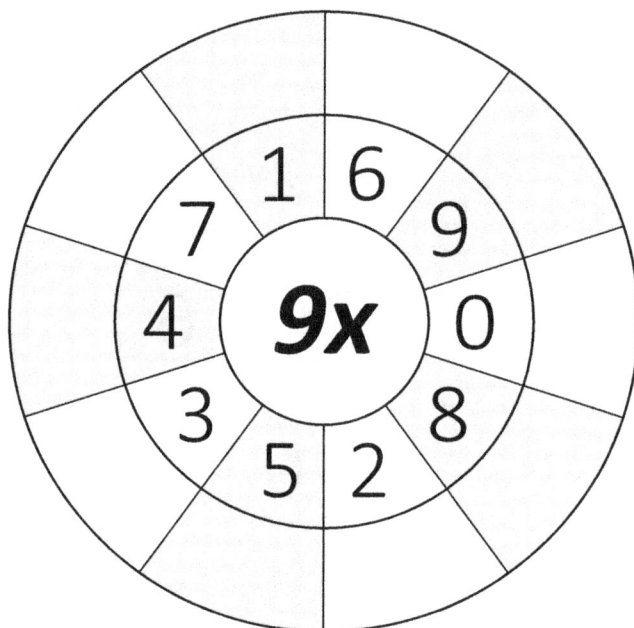

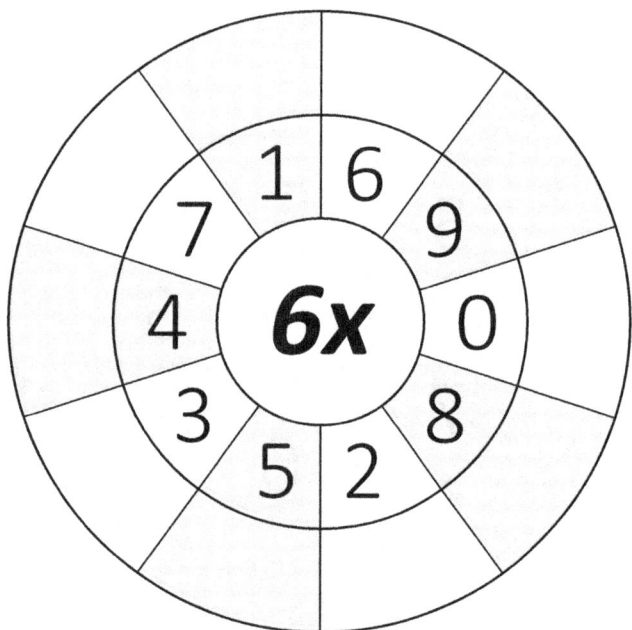

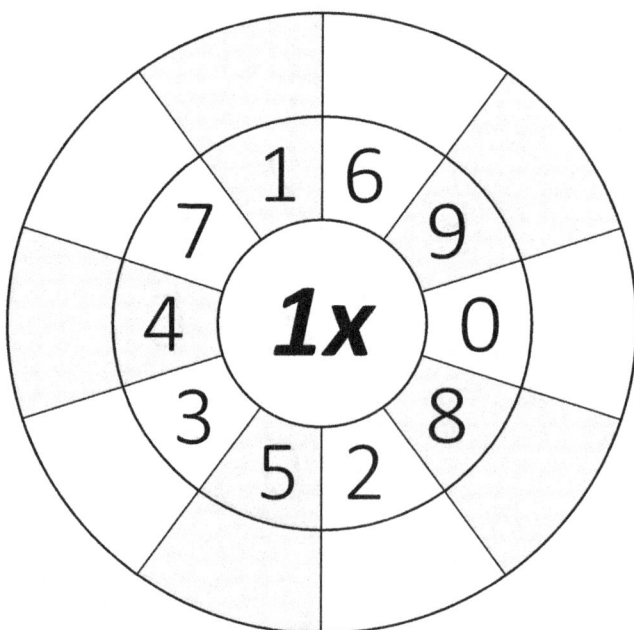

NAME :

DATE :

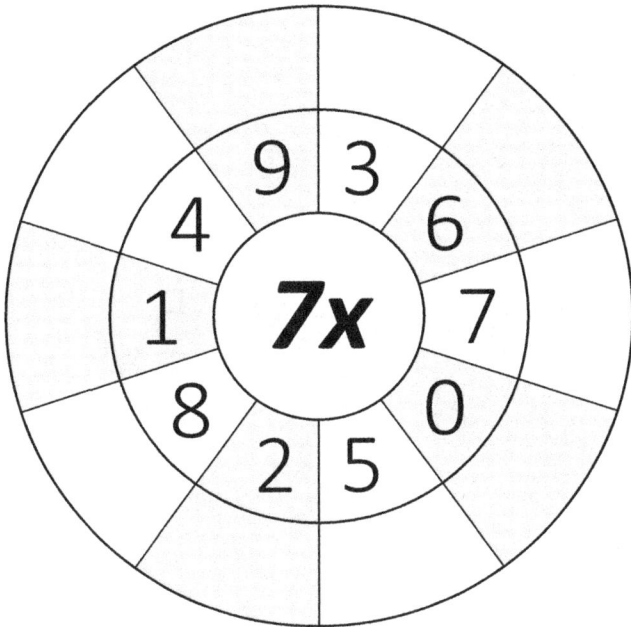

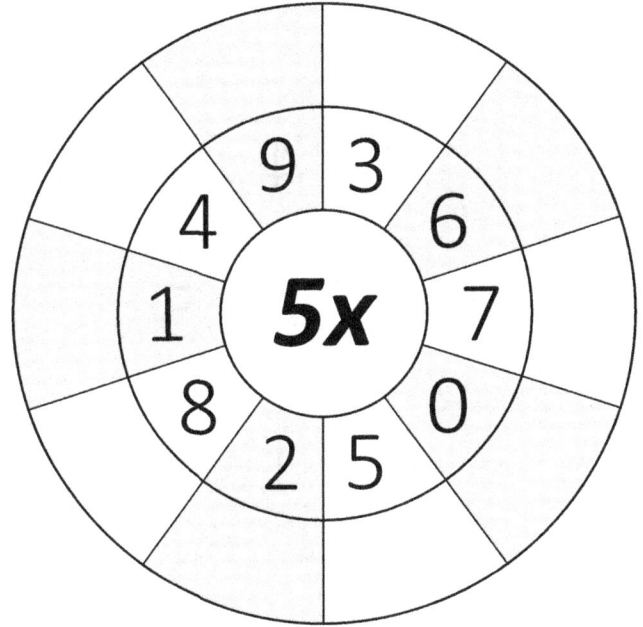

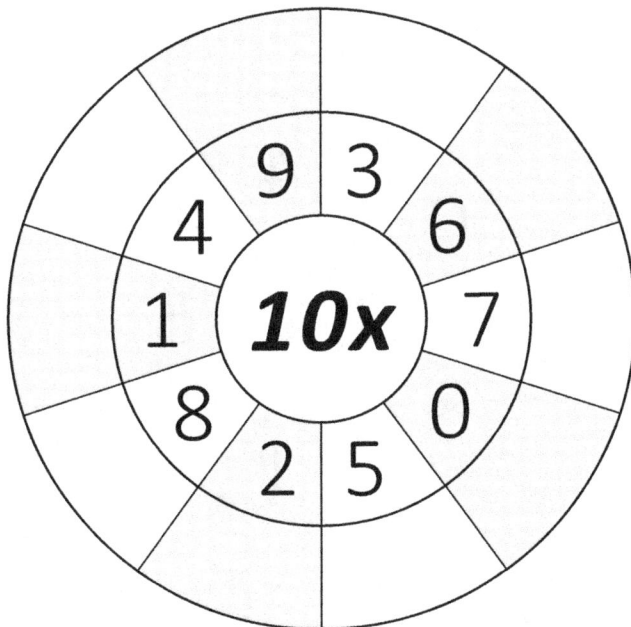

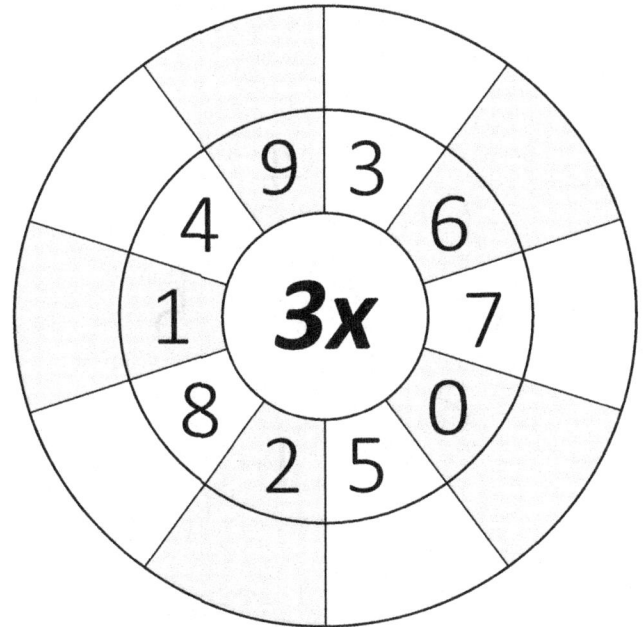

TIME :

SCORE : /40

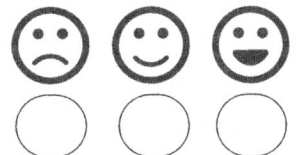

NAME :

DATE :

2x

7 4
0 9
6 5
8 3
2 1

11x

7 4
0 9
6 5
8 3
2 1

4x

7 4
0 9
6 5
8 3
2 1

8x

7 4
0 9
6 5
8 3
2 1

TIME :

SCORE :   /40

NAME :

DATE :

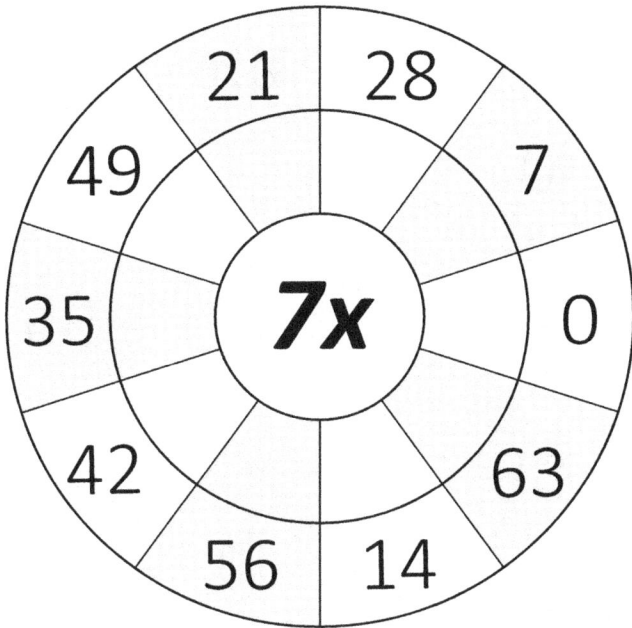

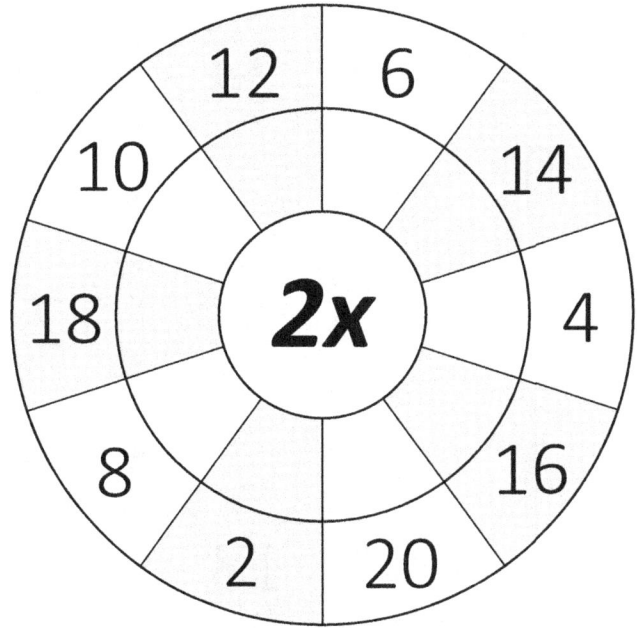

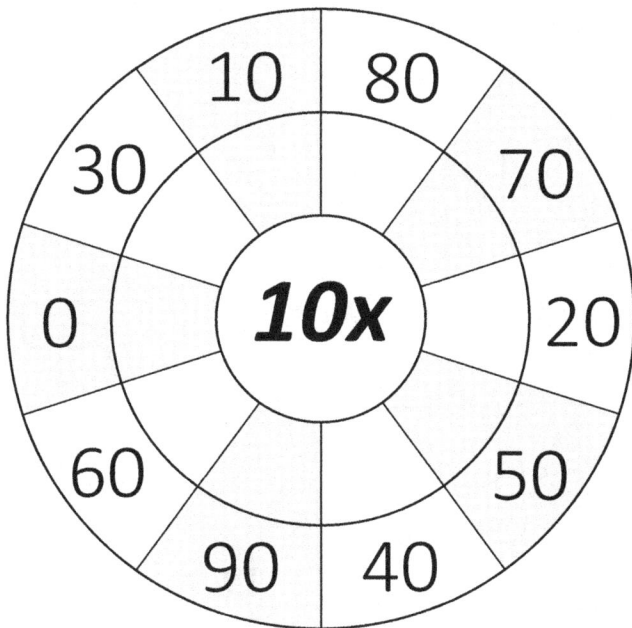

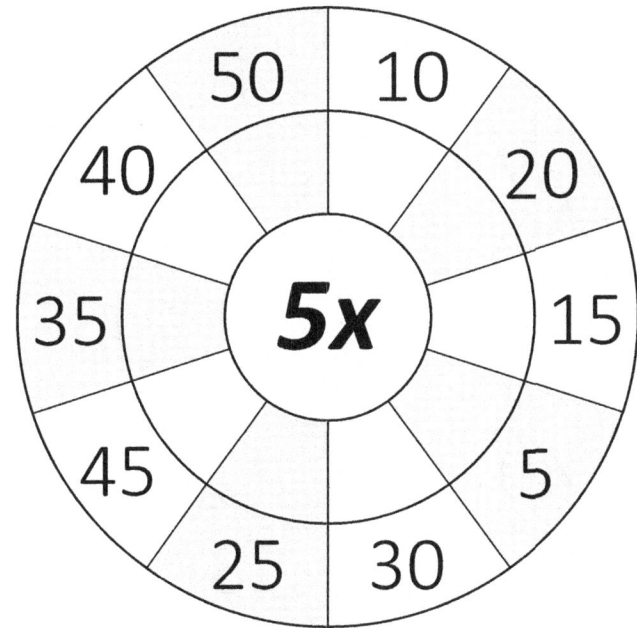

TIME :

SCORE : /40

NAME :

DATE :

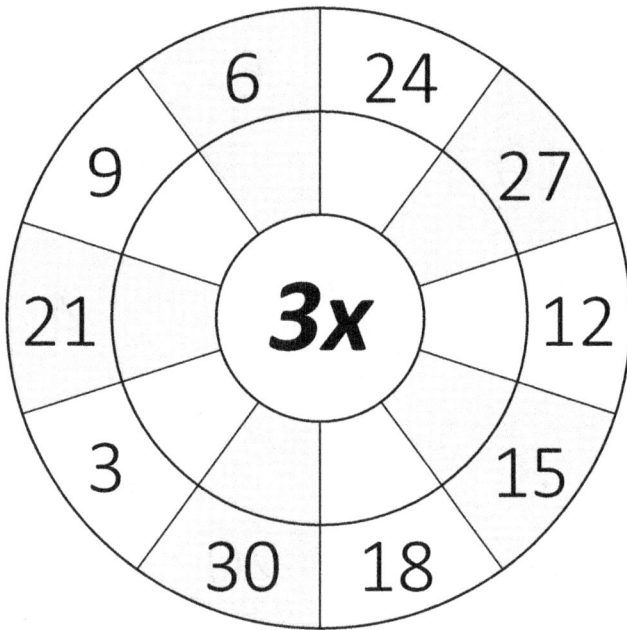

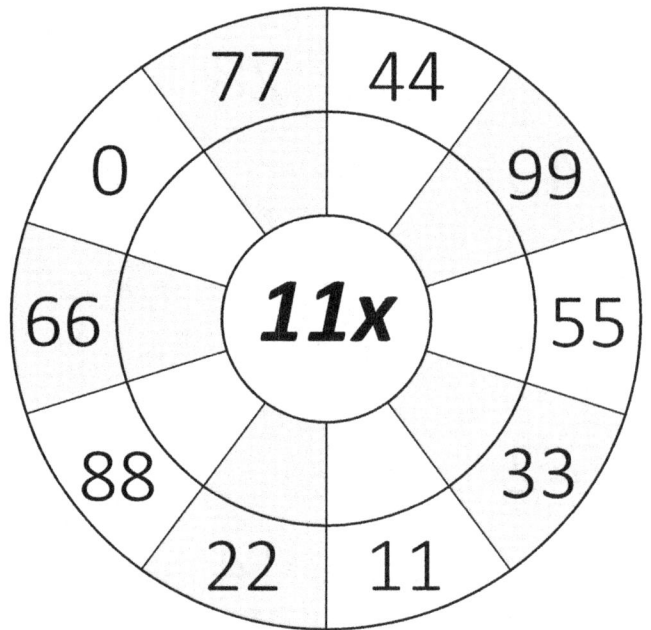

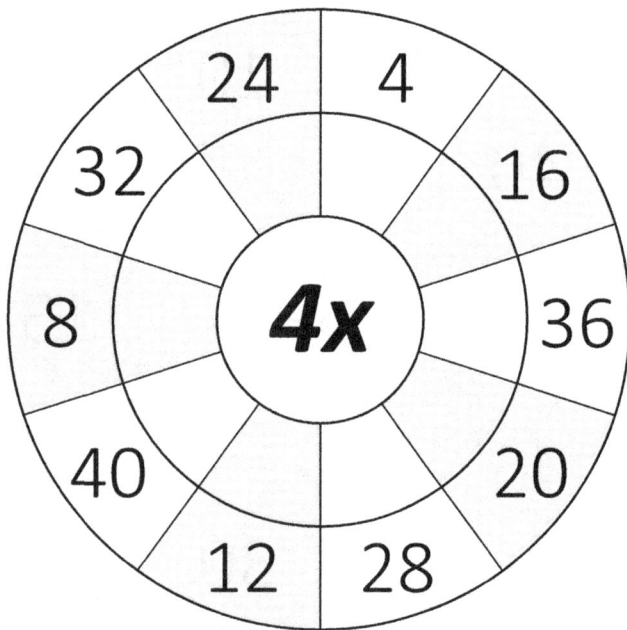

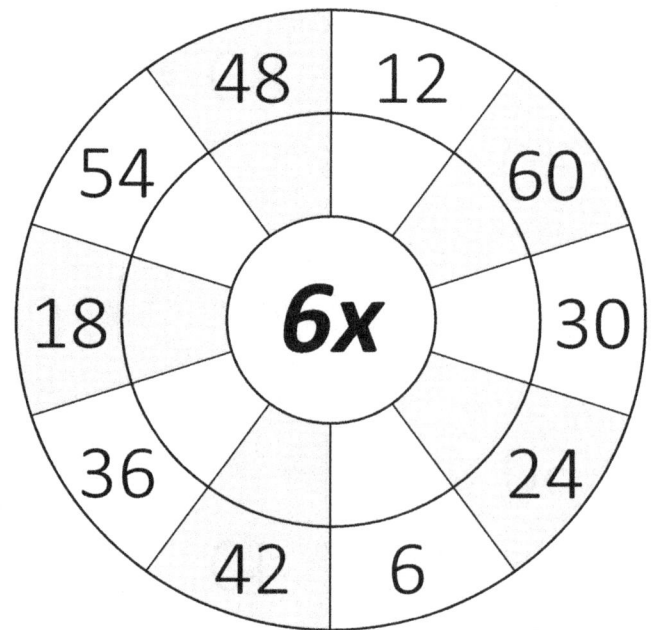

TIME :

SCORE :   /40

NAME :

DATE :

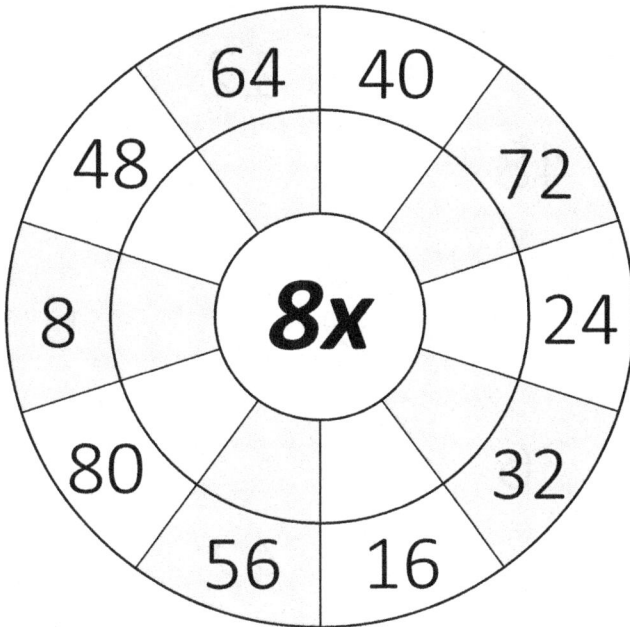

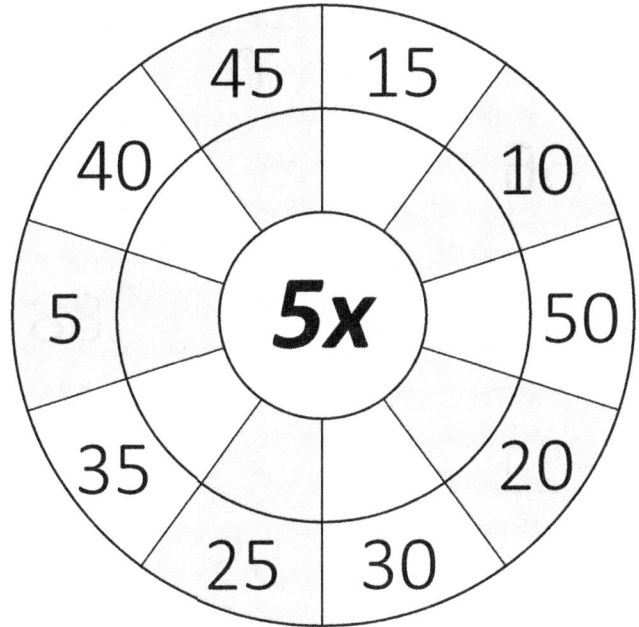

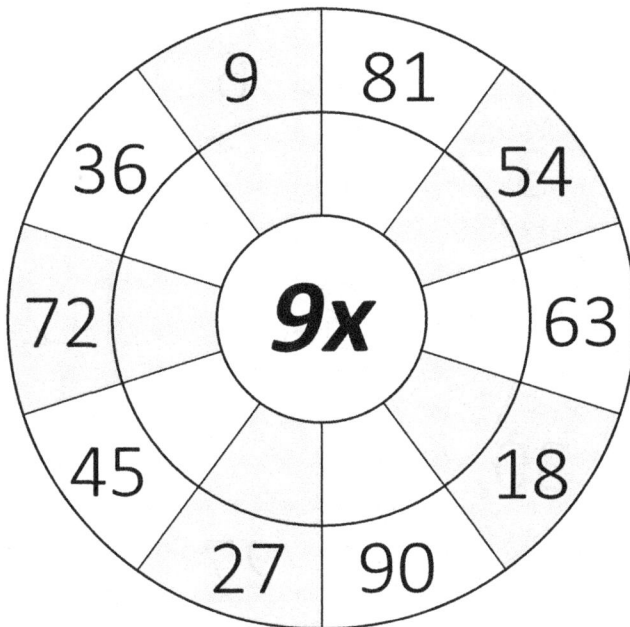

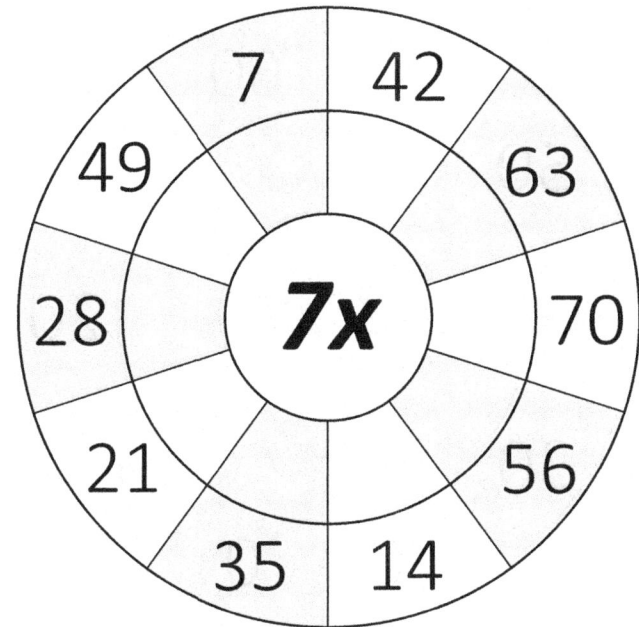

TIME :

SCORE : /40

NAME :

DATE :

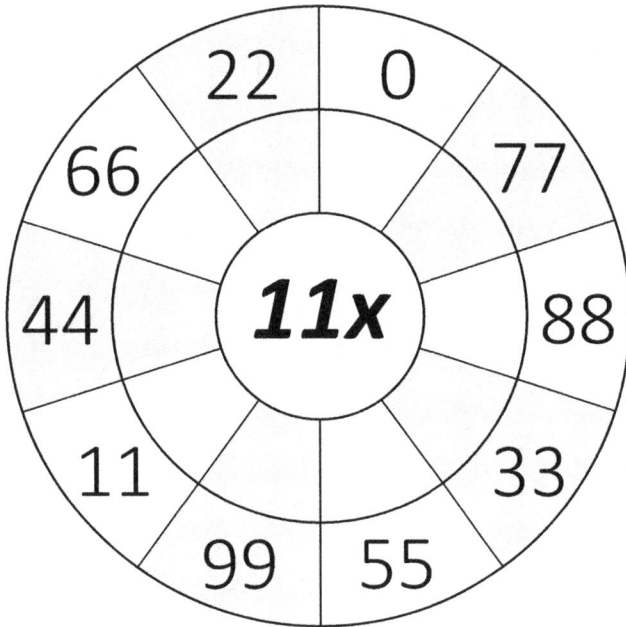

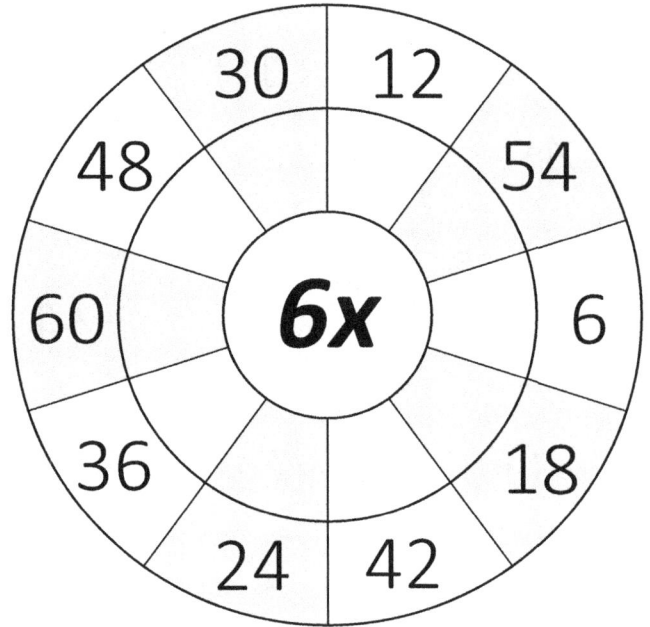

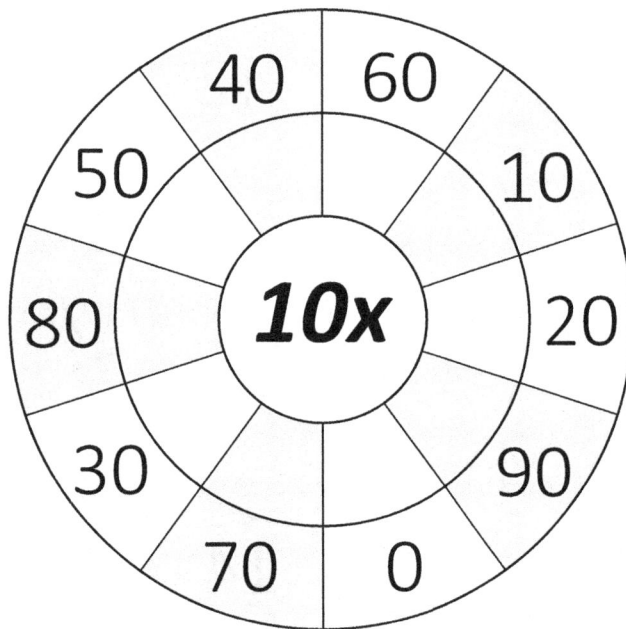

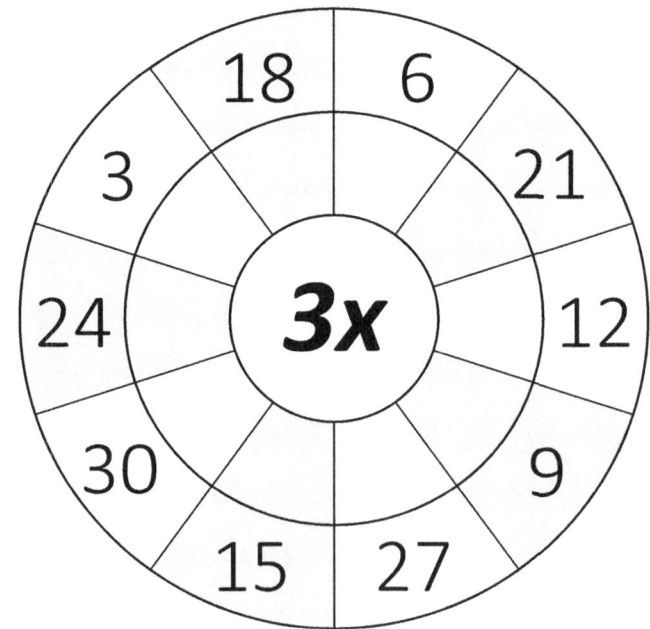

TIME :

SCORE :   /40

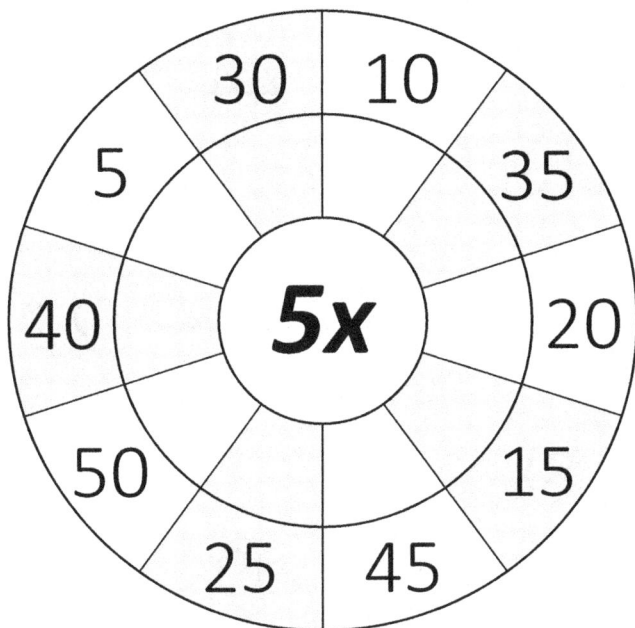

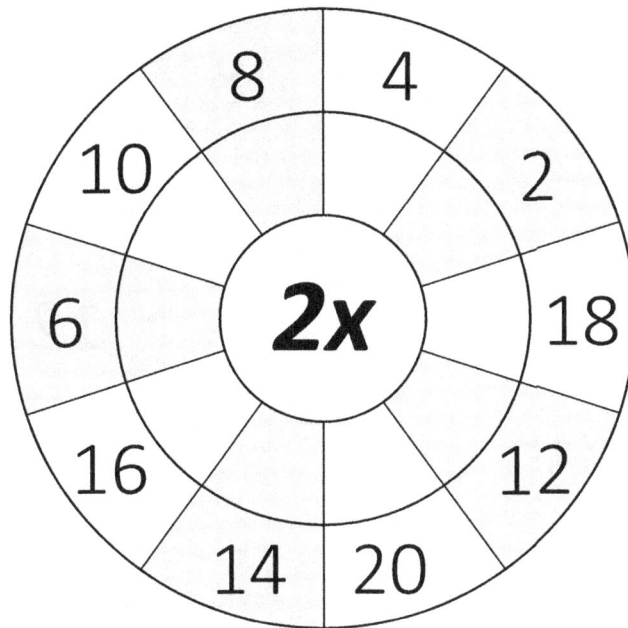

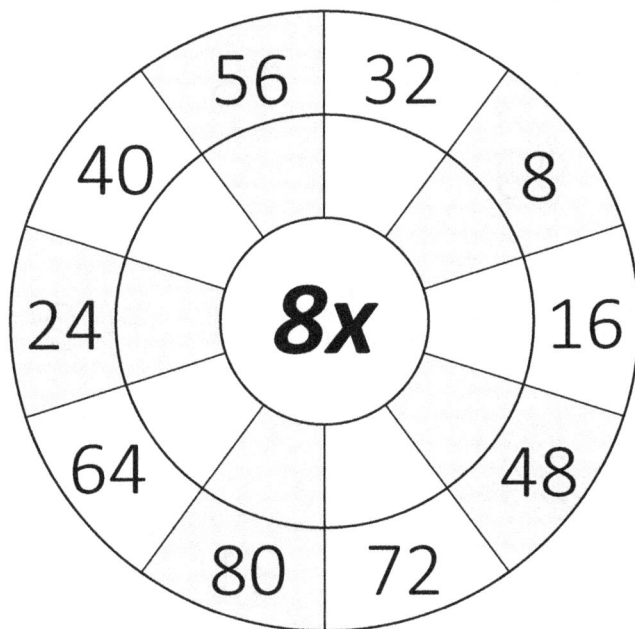

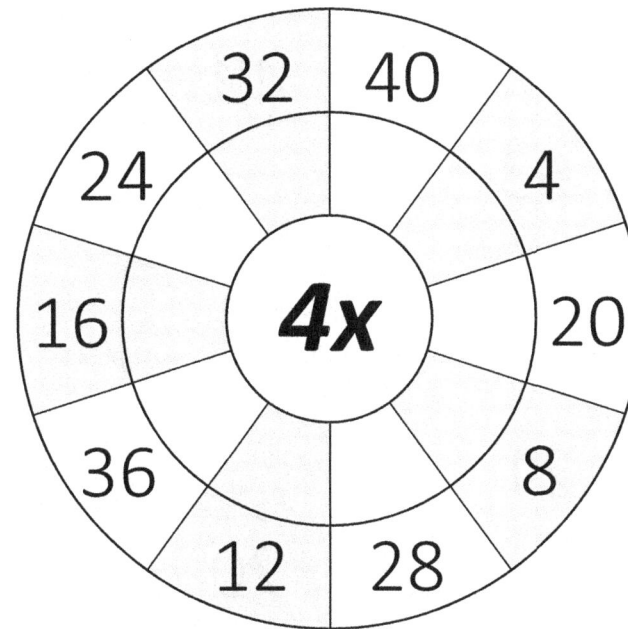

NAME :

DATE :

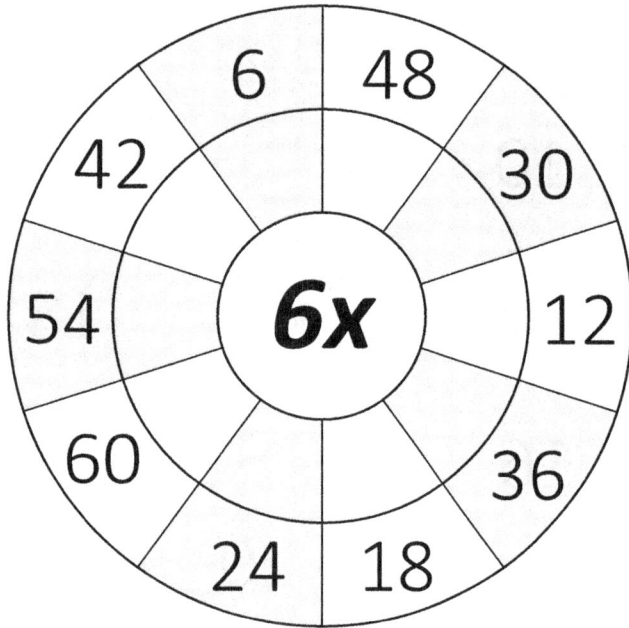

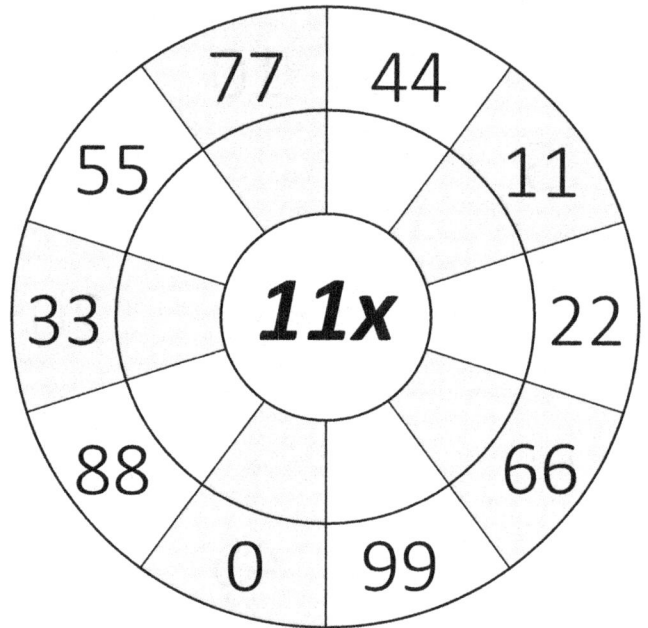

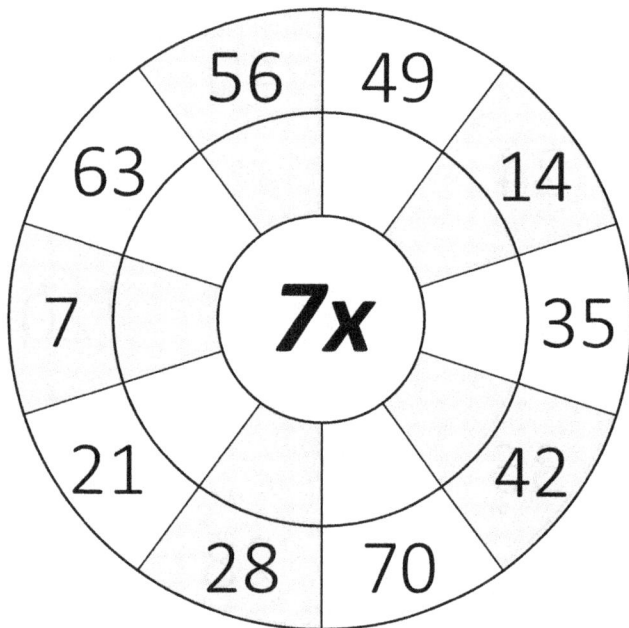

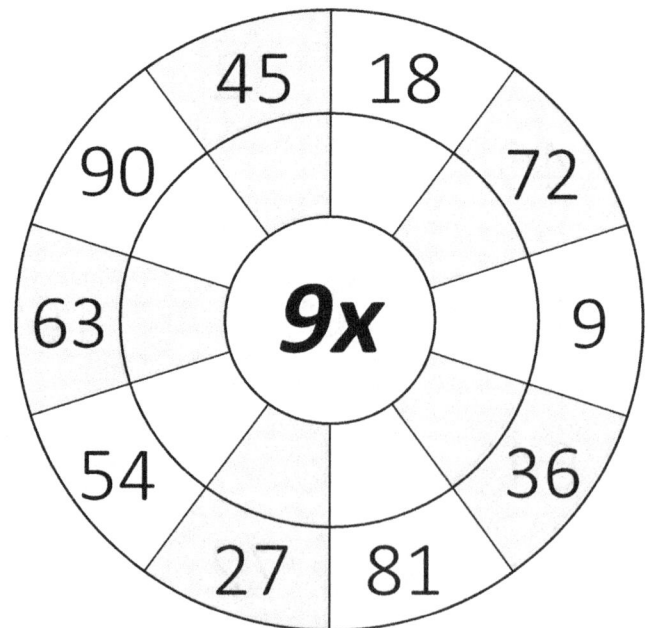

TIME :

SCORE : /40

NAME :

DATE :

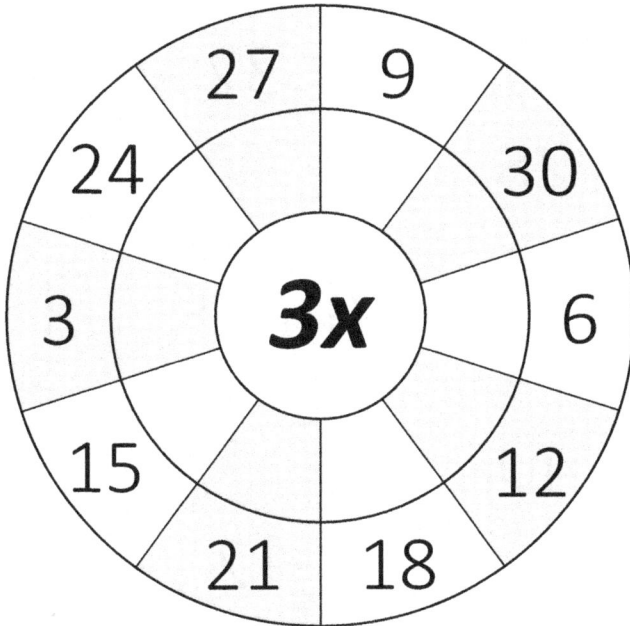

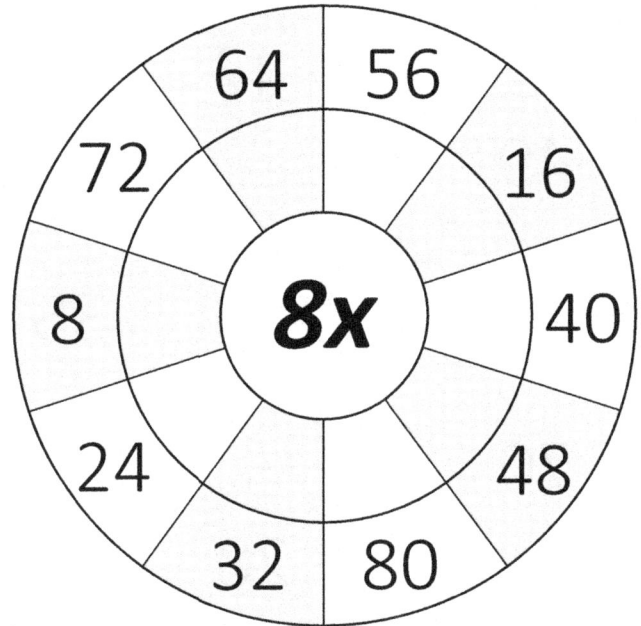

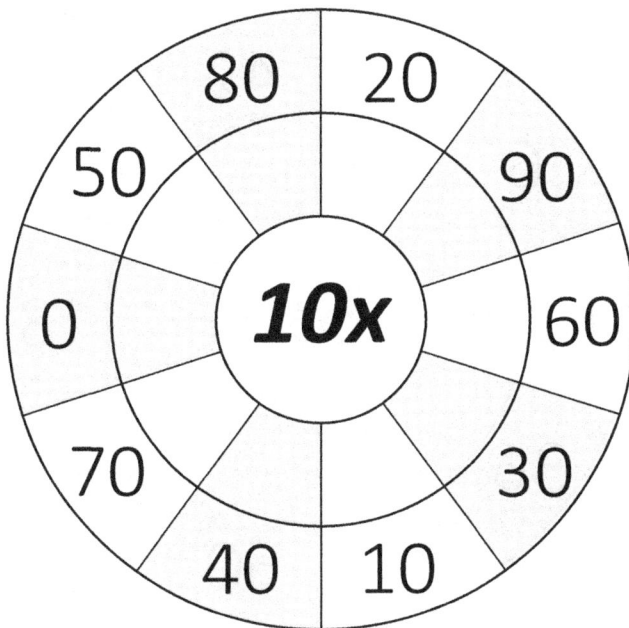

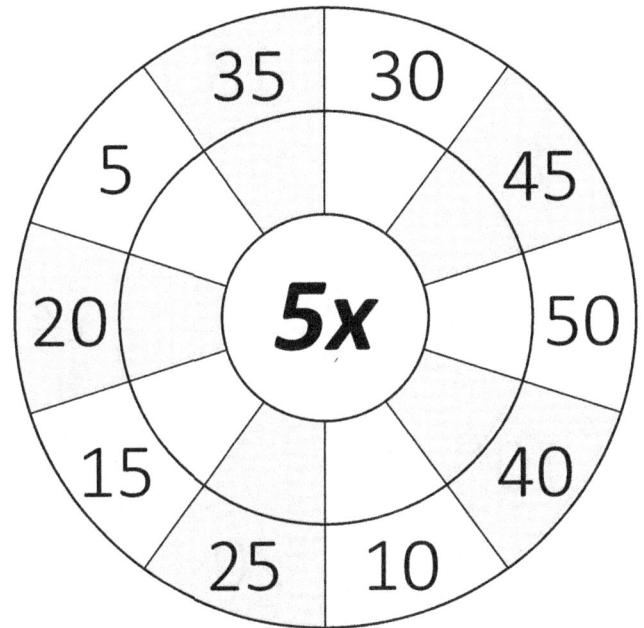

TIME :

SCORE :   /40

NAME :

DATE :

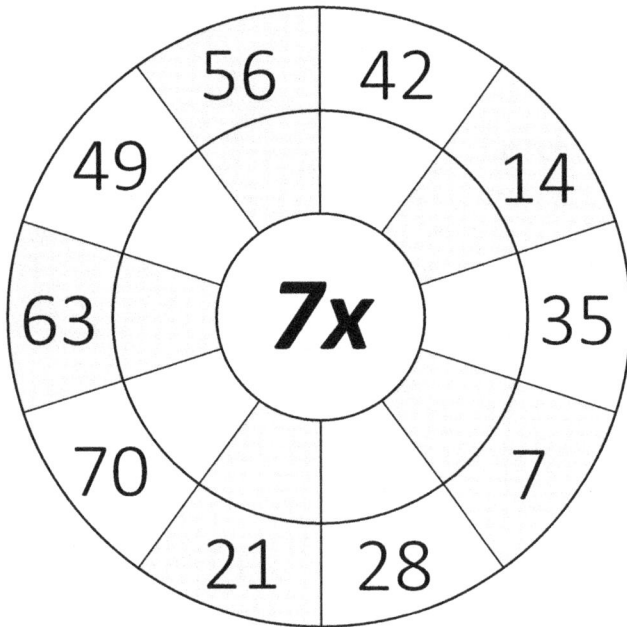

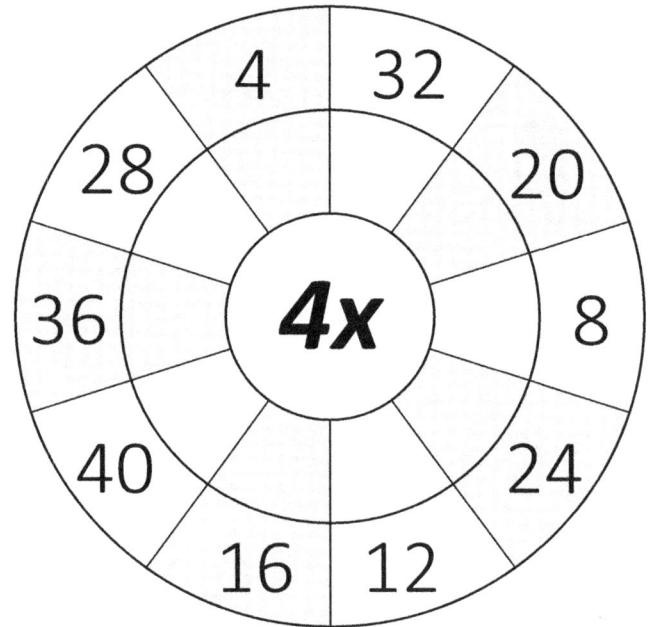

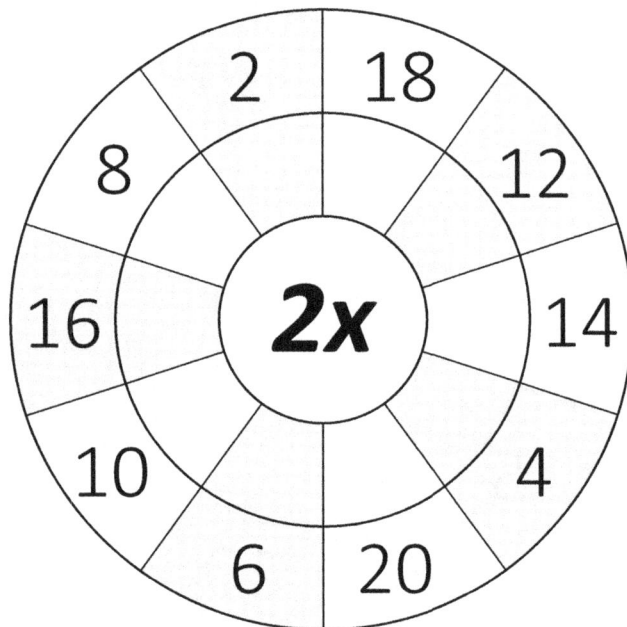

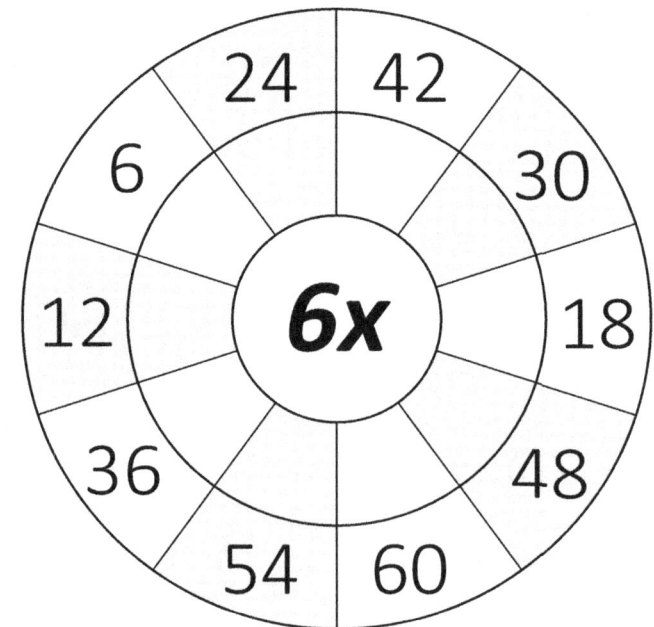

TIME :

SCORE : /40

NAME :

DATE :

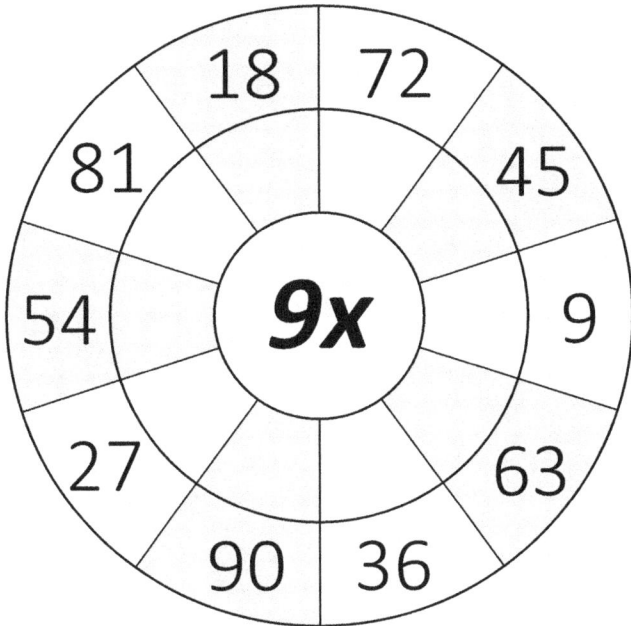

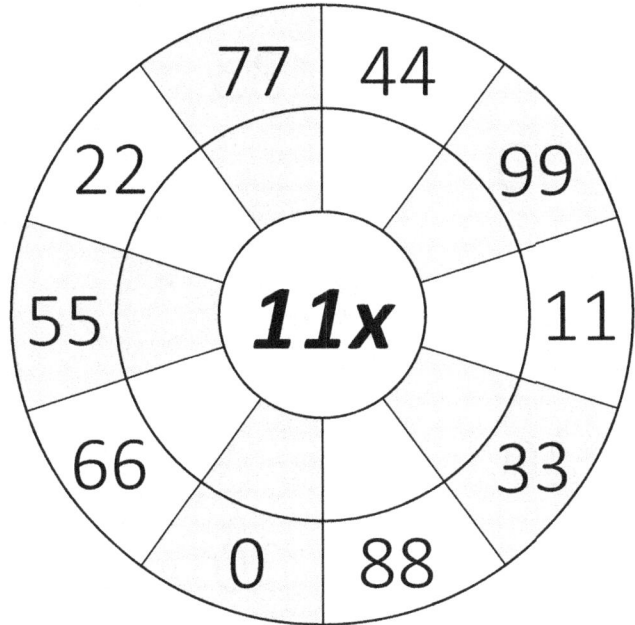

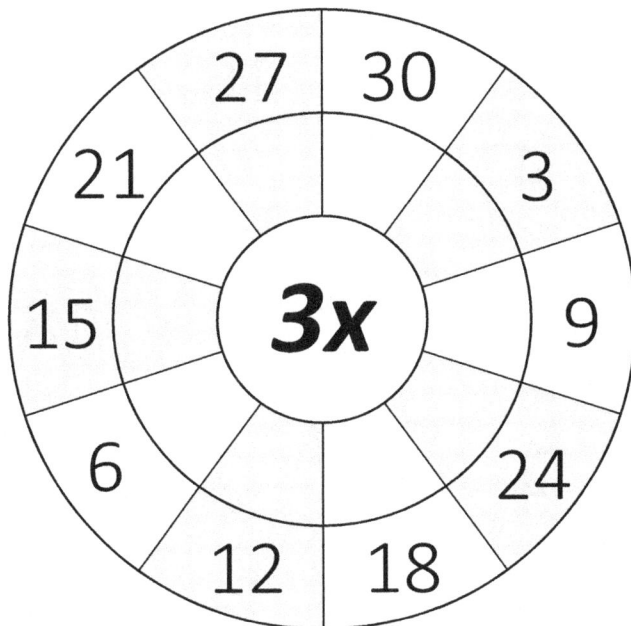

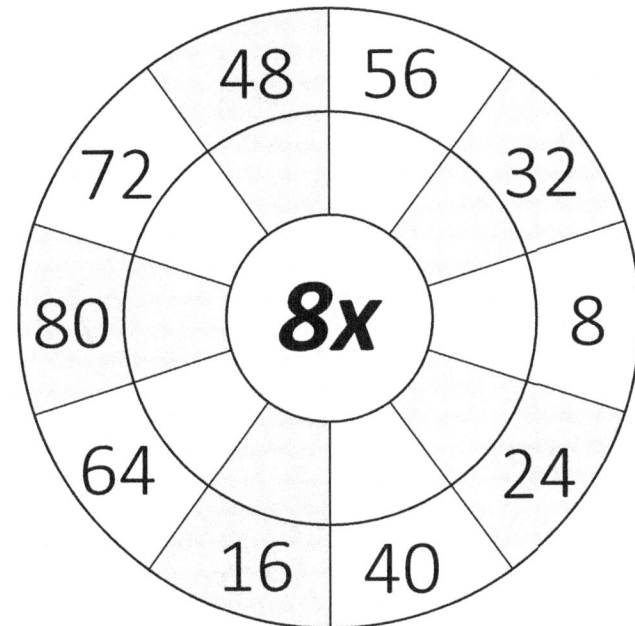

TIME :

SCORE : /40

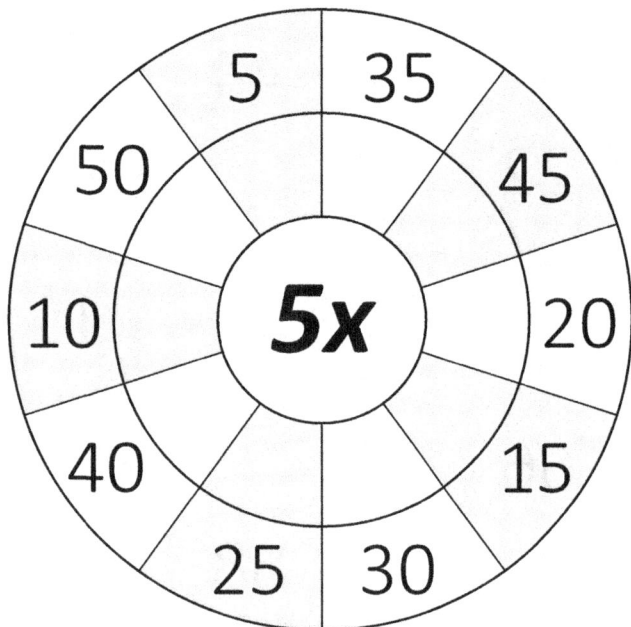

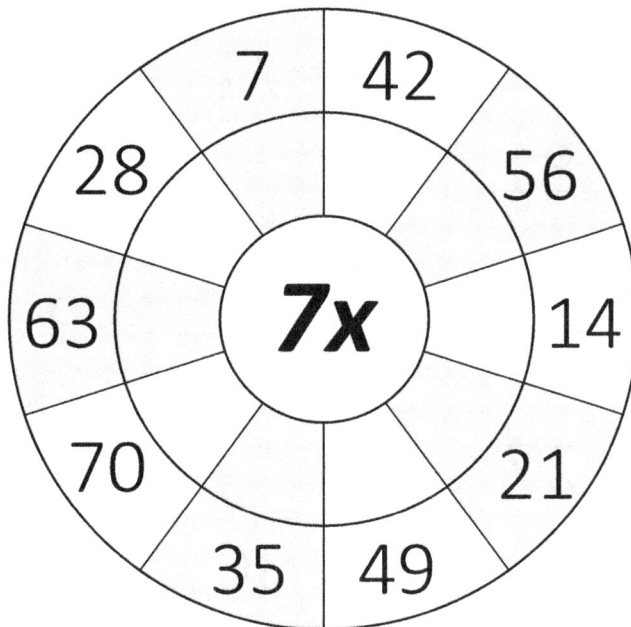

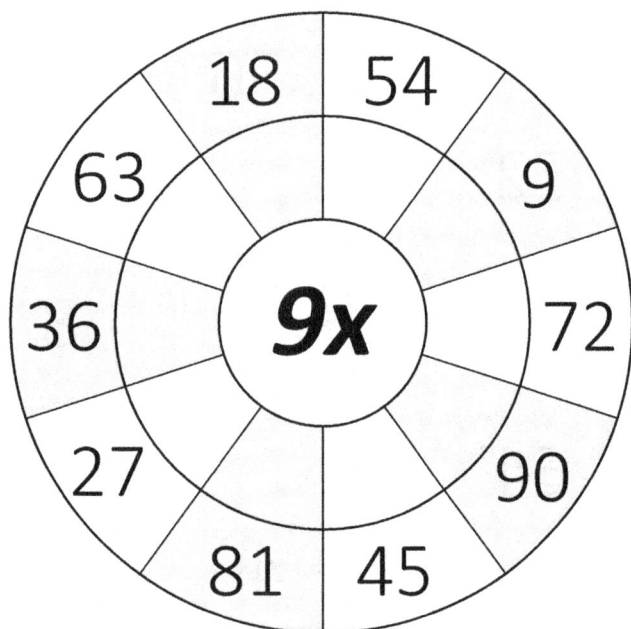

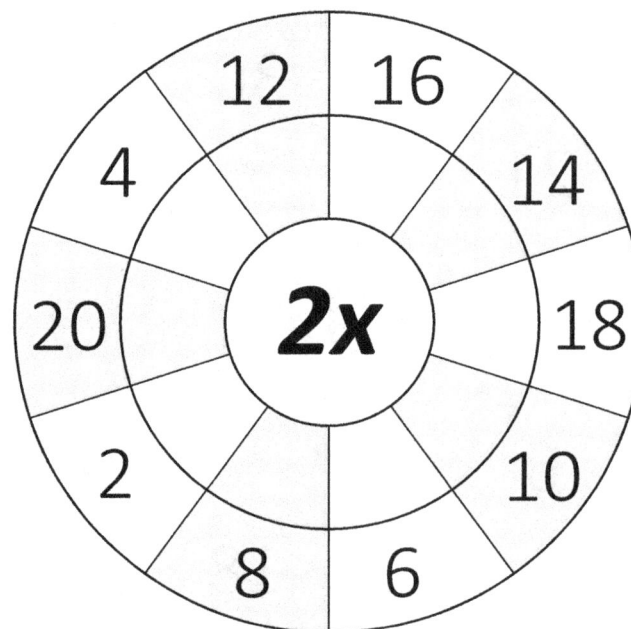

NAME :

DATE :

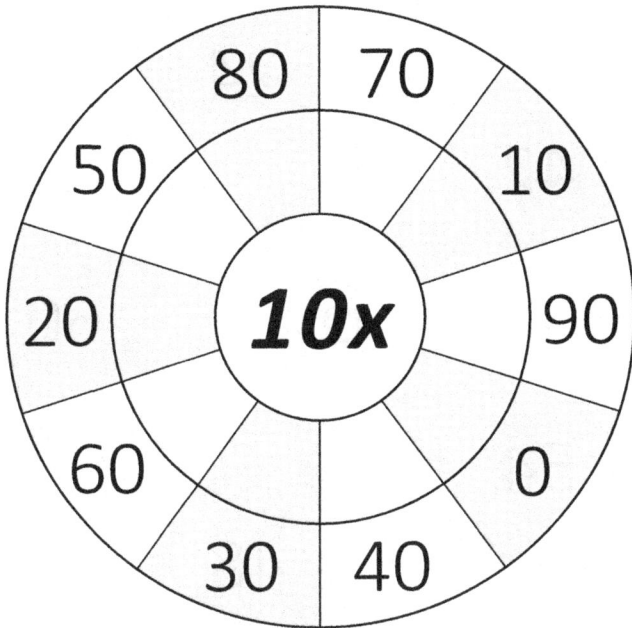

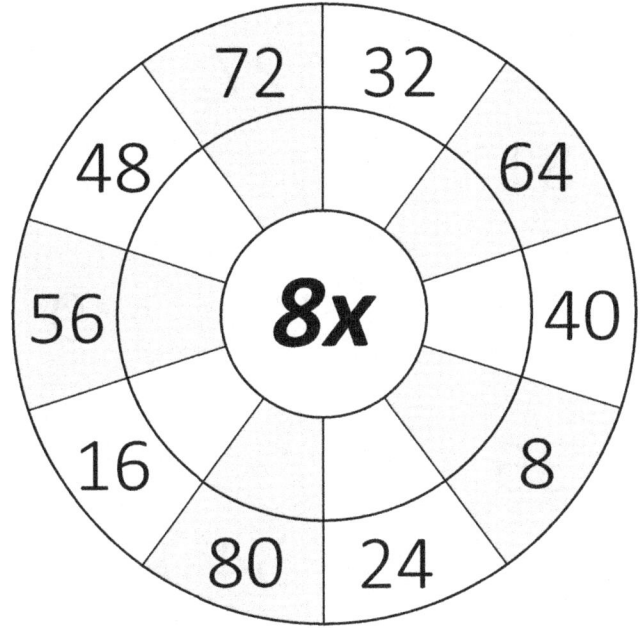

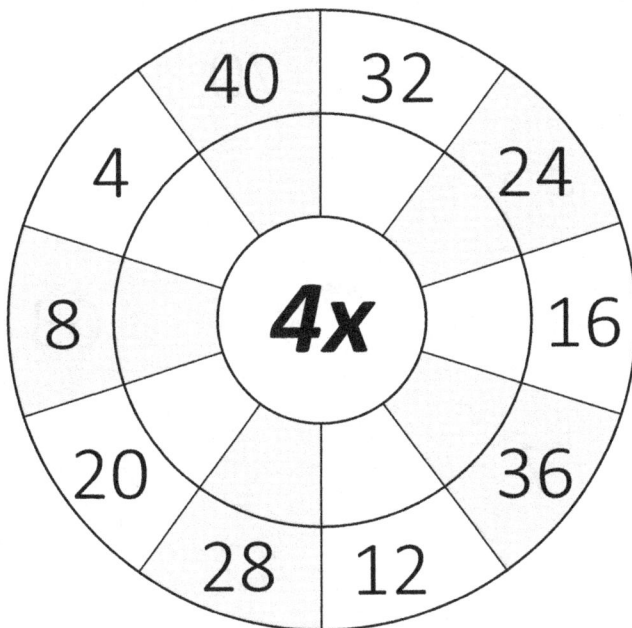

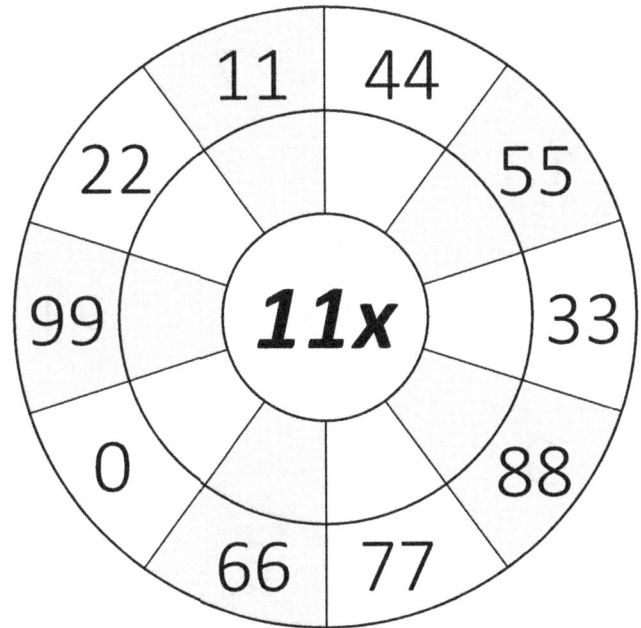

TIME :

SCORE : /40

NAME :

DATE :

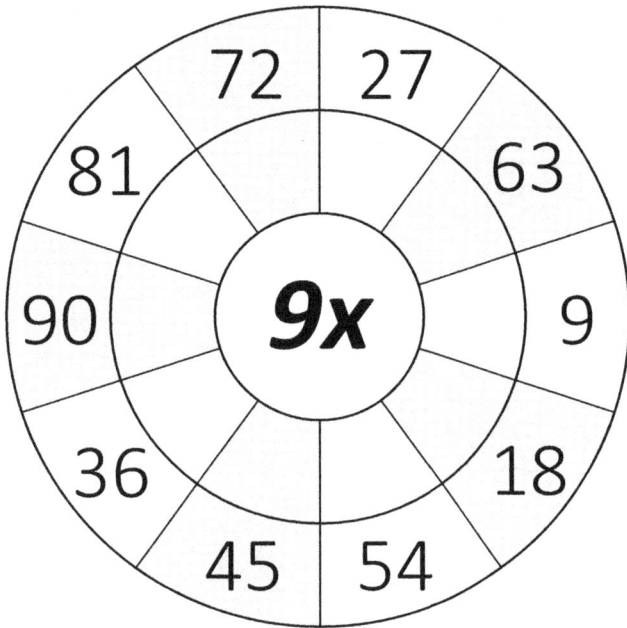

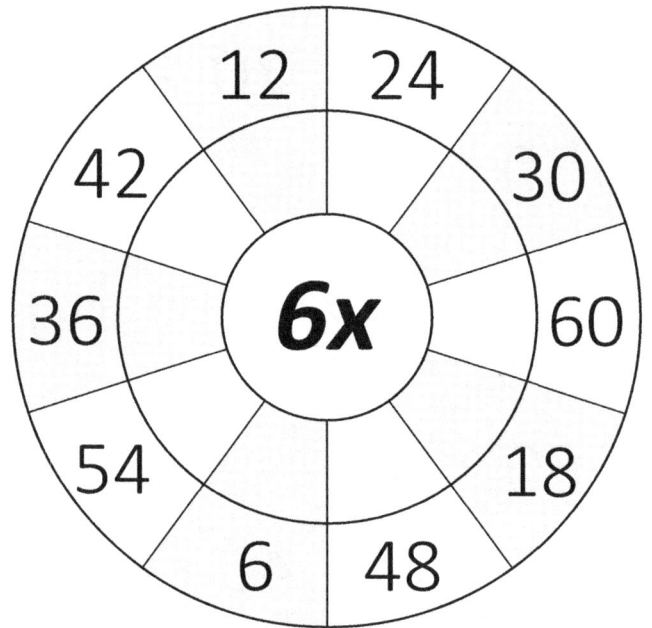

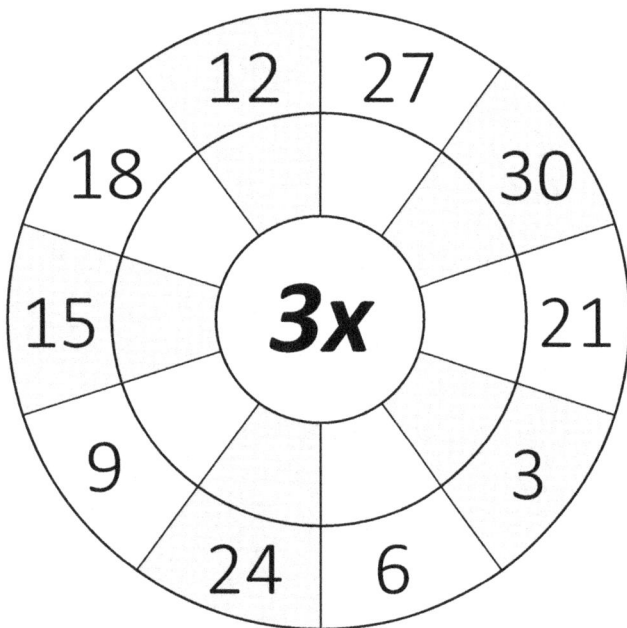

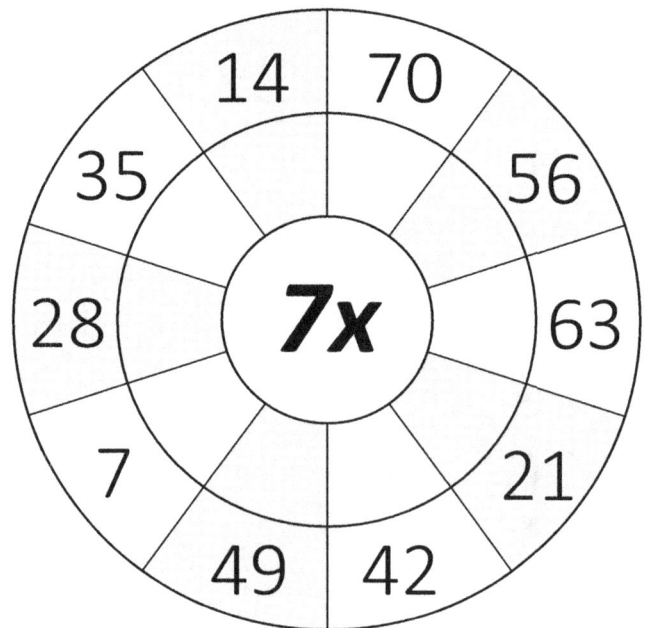

TIME :

SCORE : /40

NAME :

DATE :

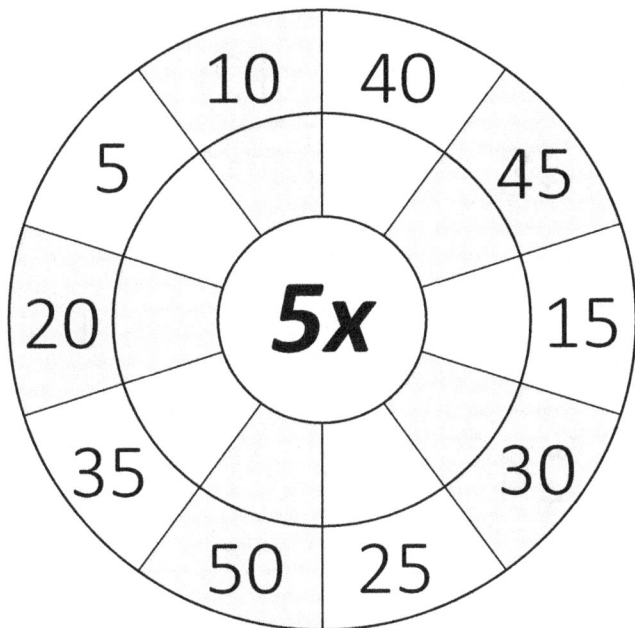

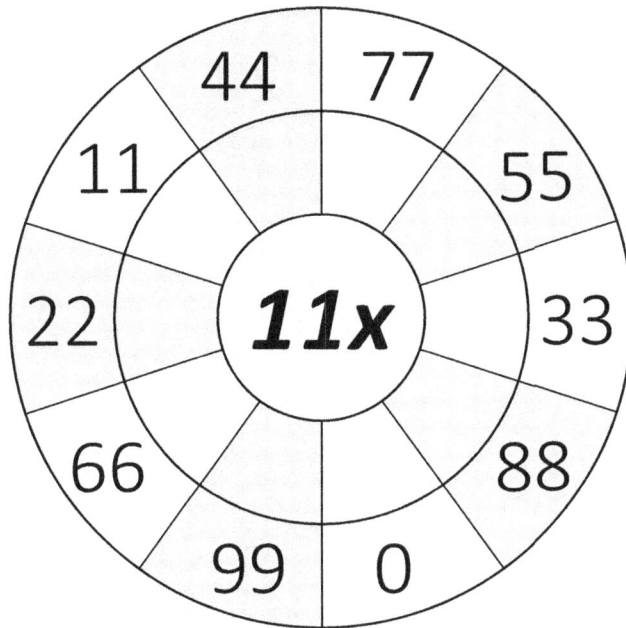

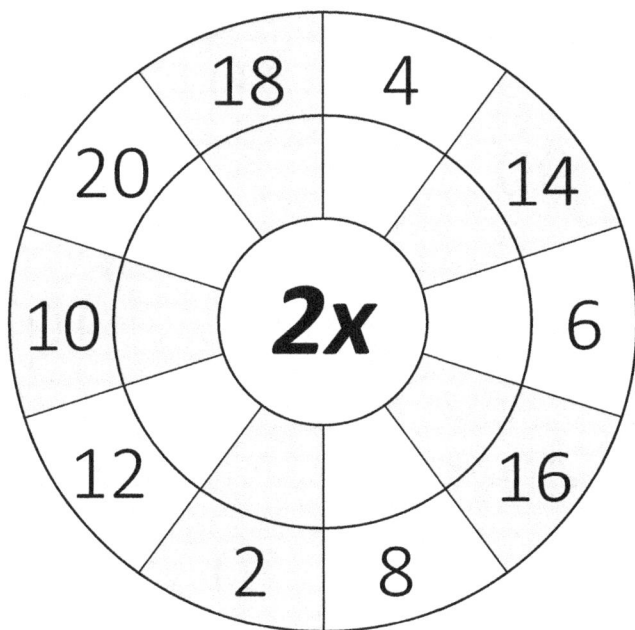

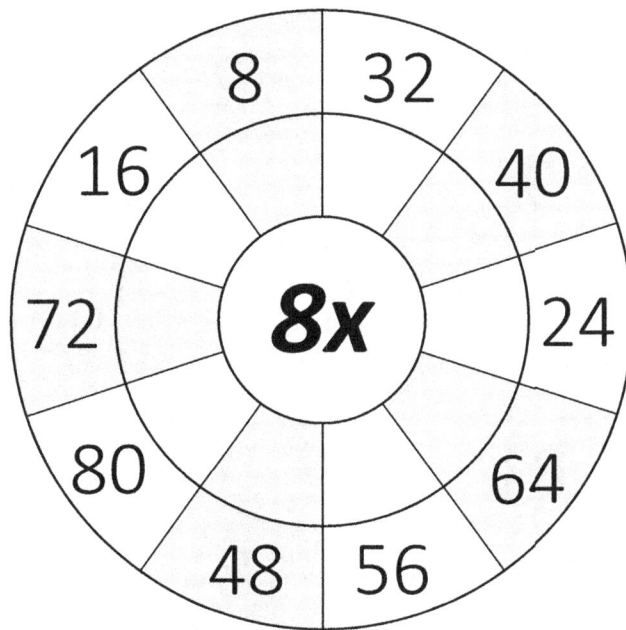

TIME :

SCORE : /40

NAME :

DATE :

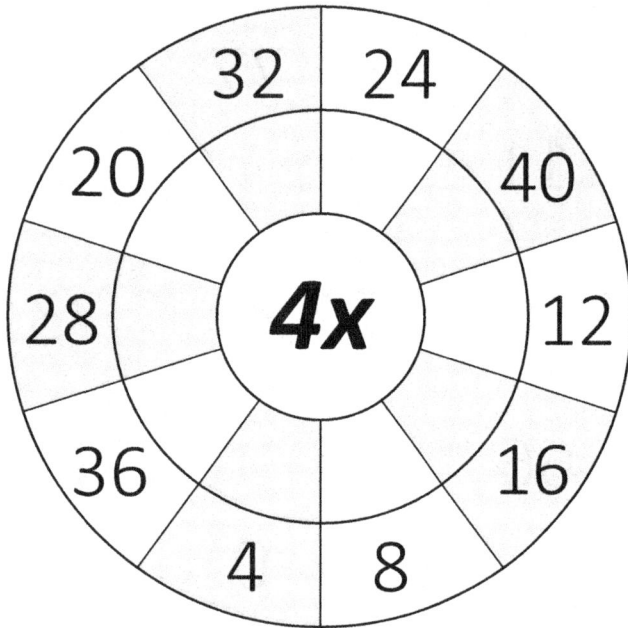

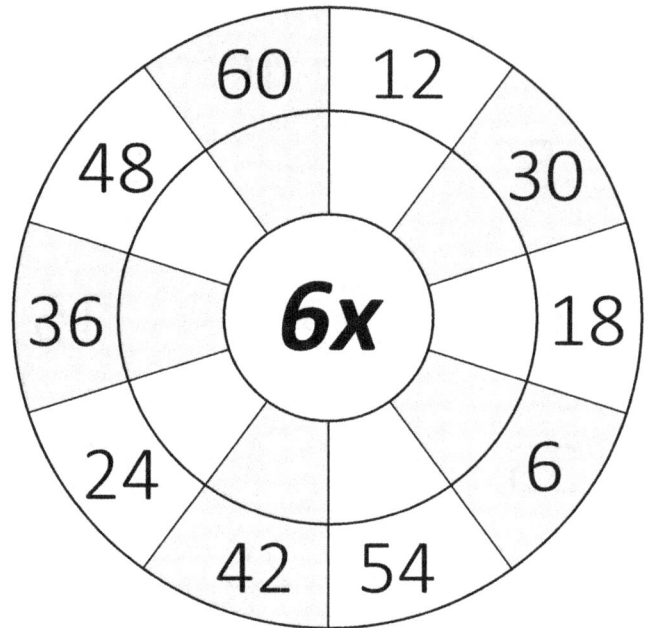

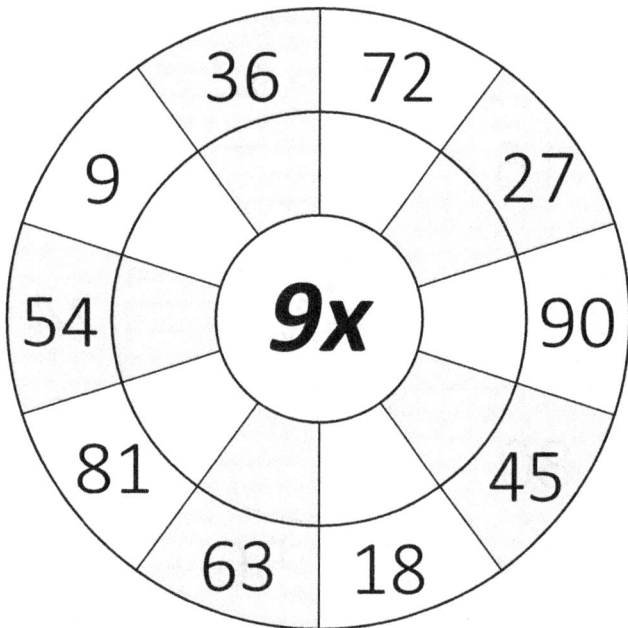

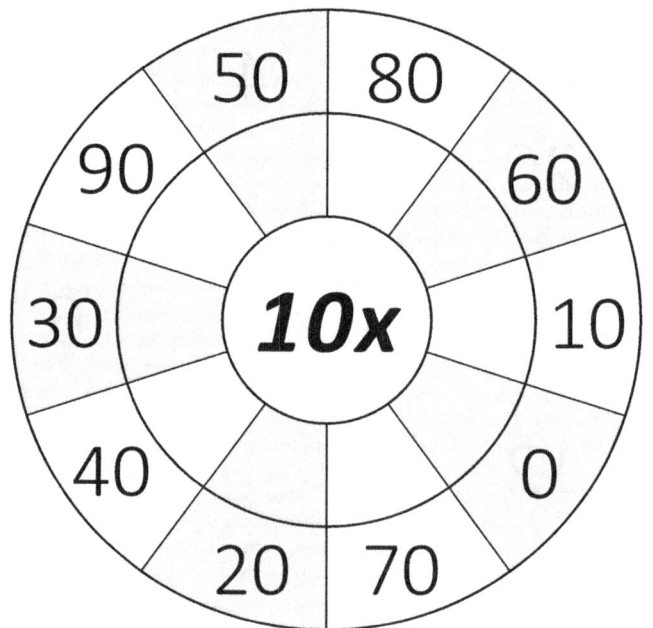

TIME :

SCORE : /40

NAME :

DATE :

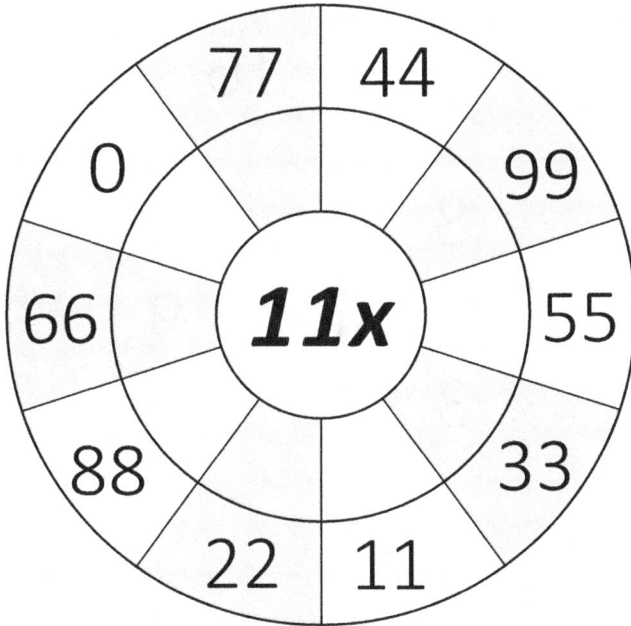

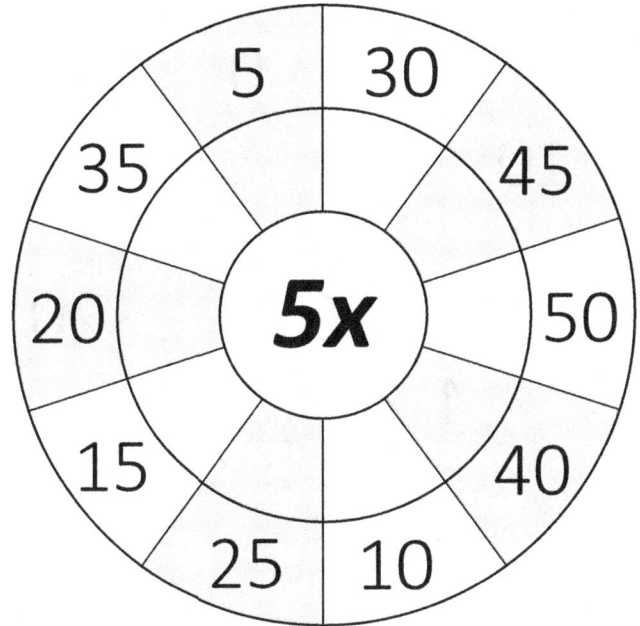

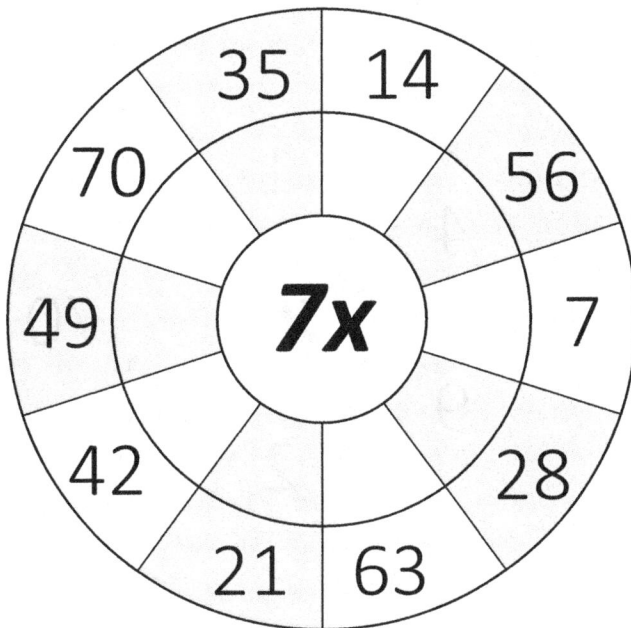

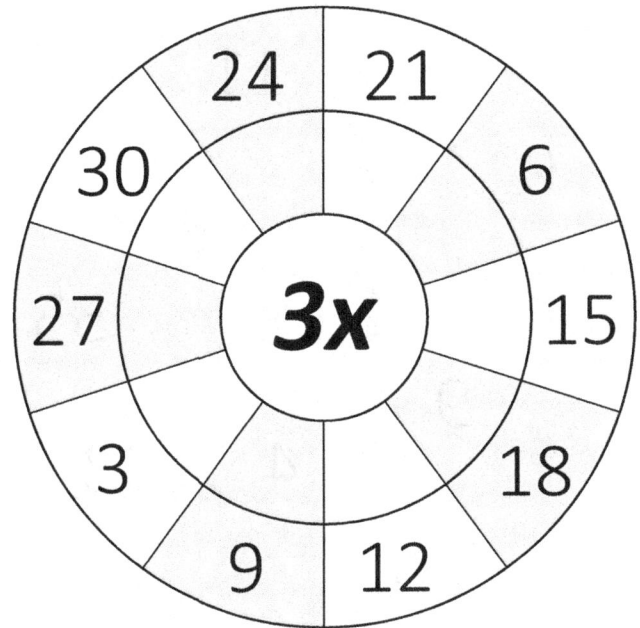

TIME :

SCORE : /40

NAME :

DATE :

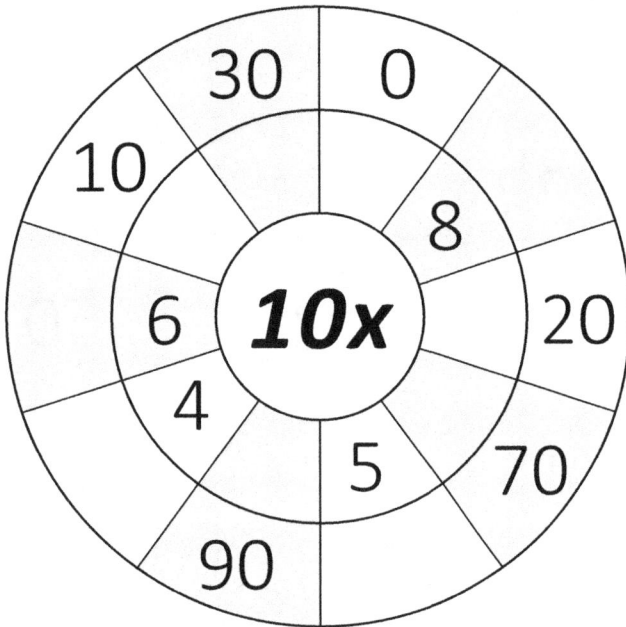

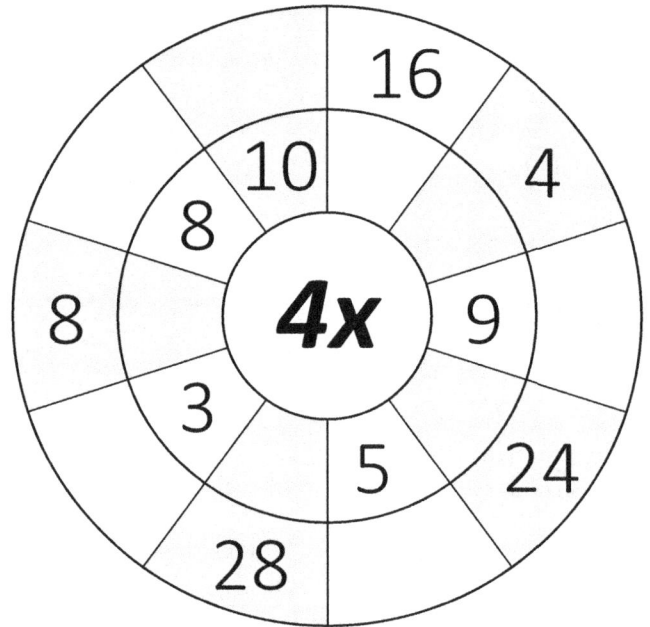

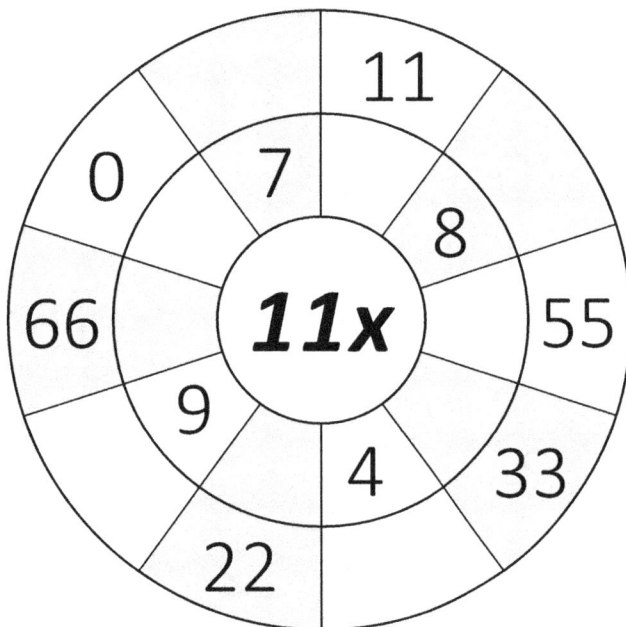

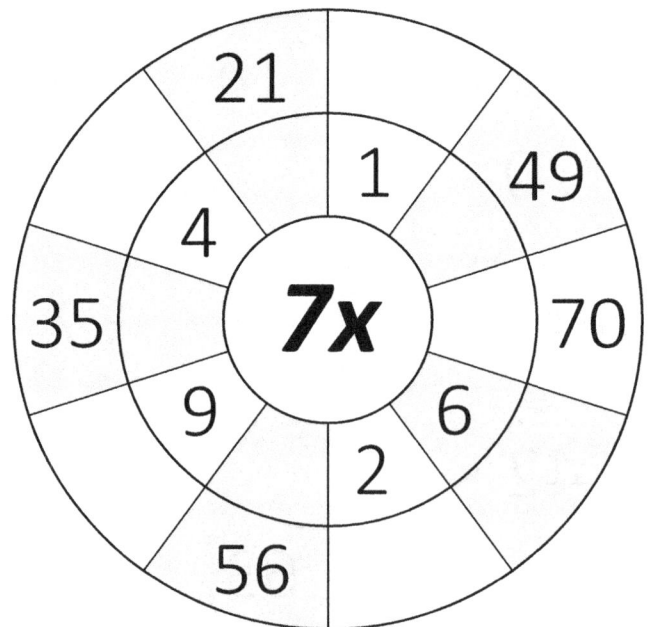

TIME :

SCORE :   /40

NAME :

DATE :

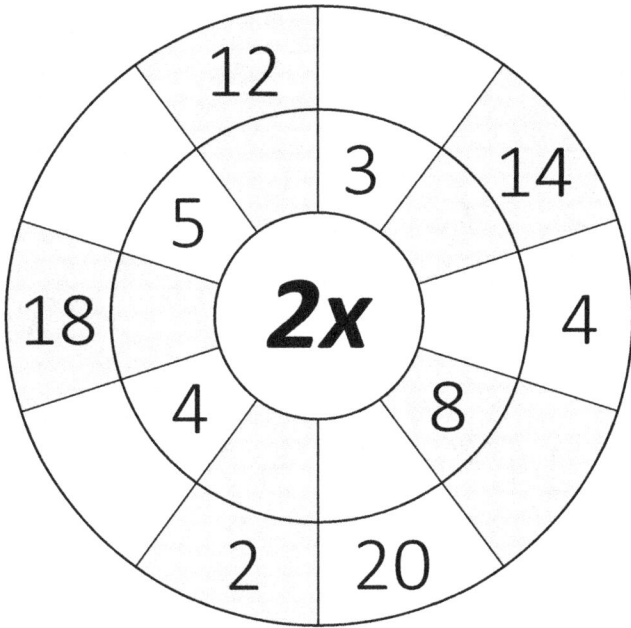

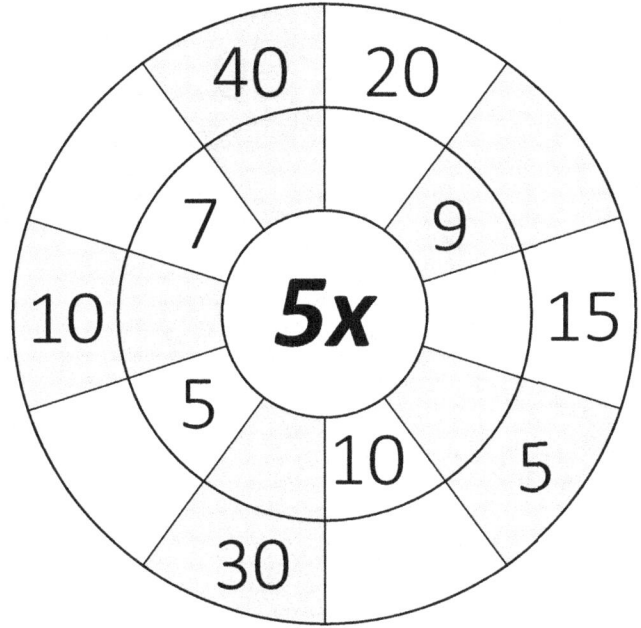

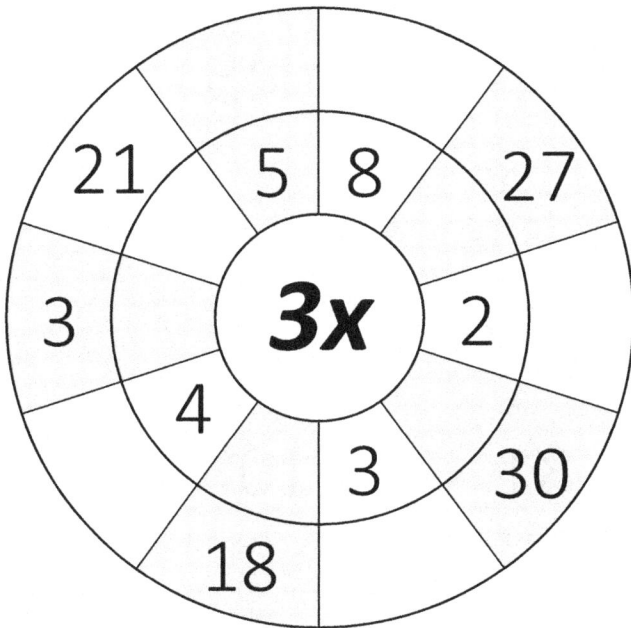

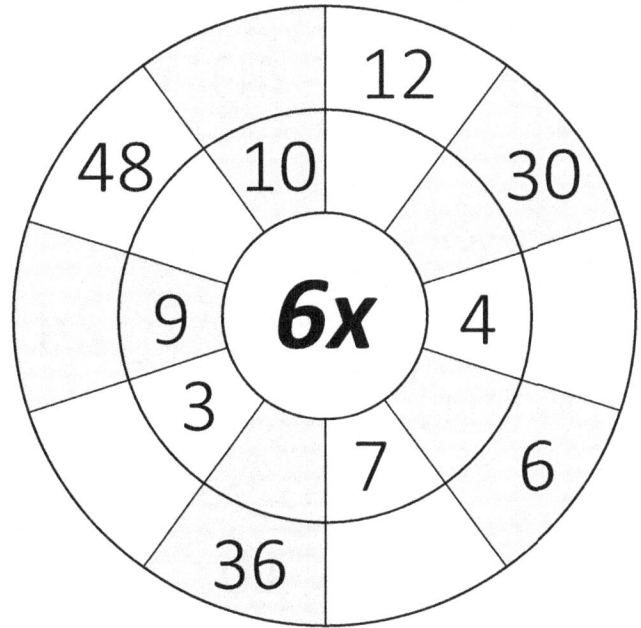

TIME :

SCORE : /40

NAME:

DATE :

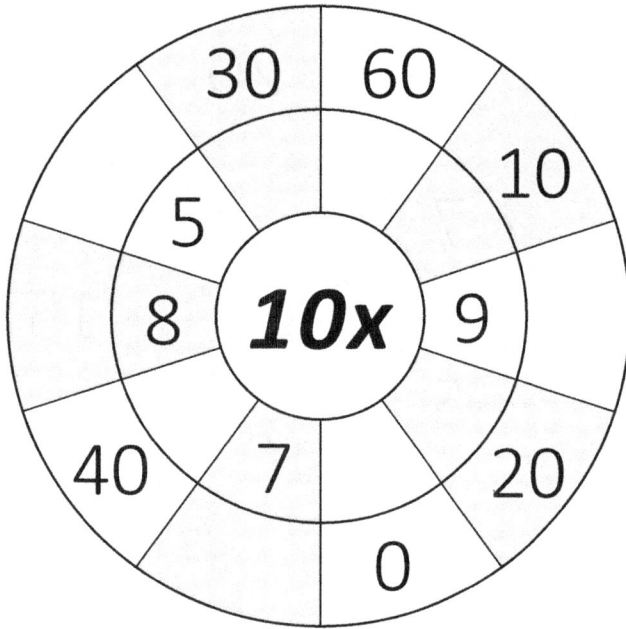

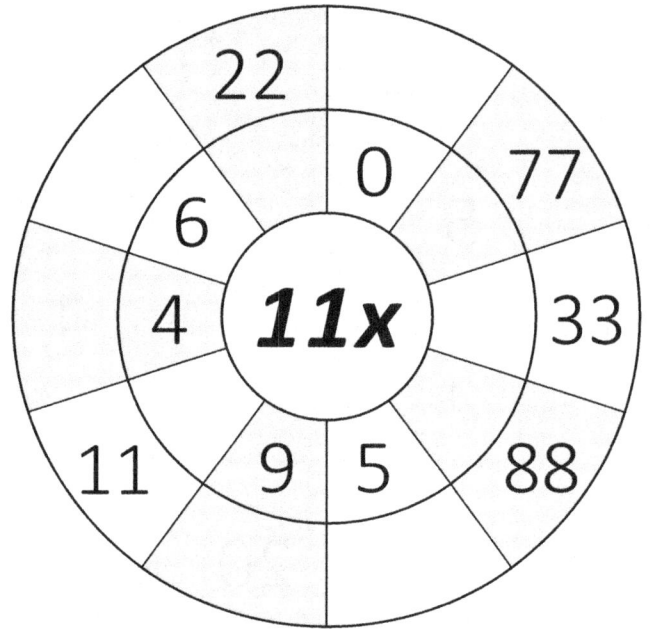

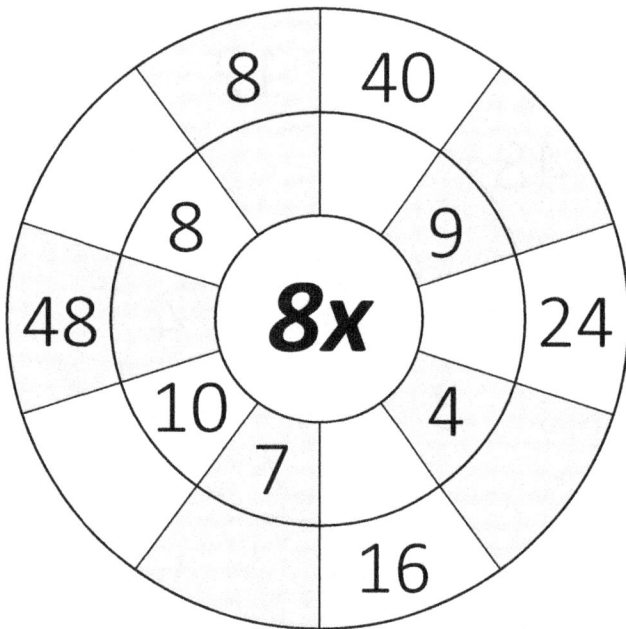

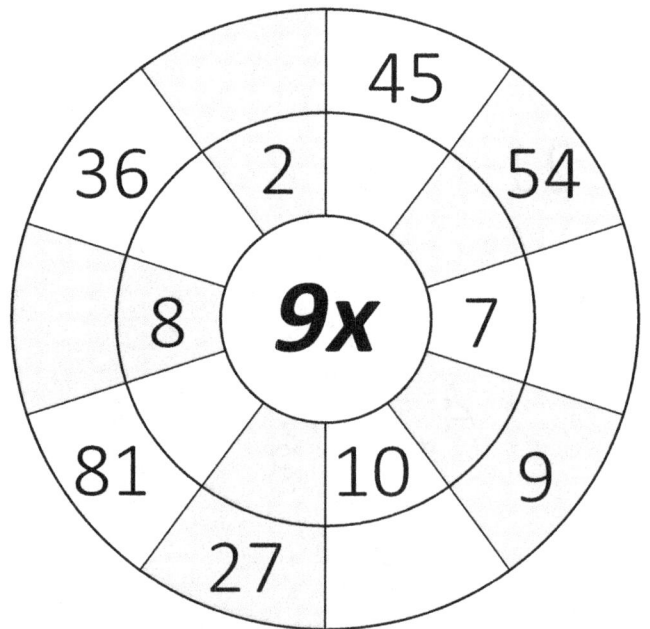

TIME :

SCORE :   /40

NAME :

DATE :

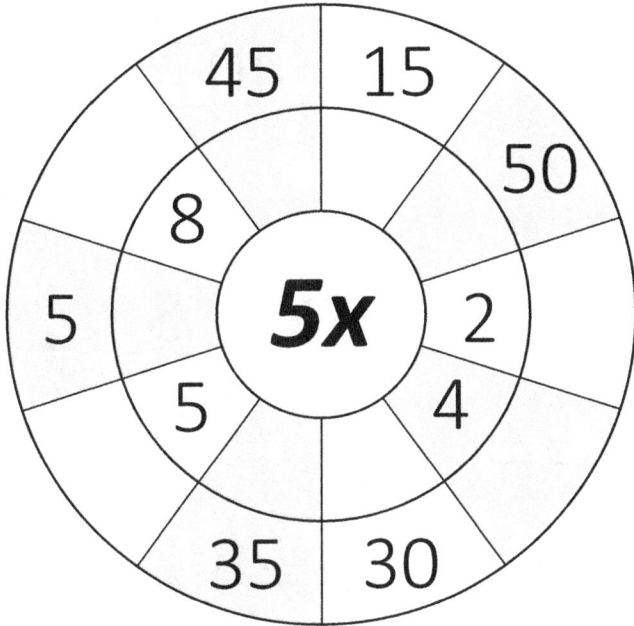

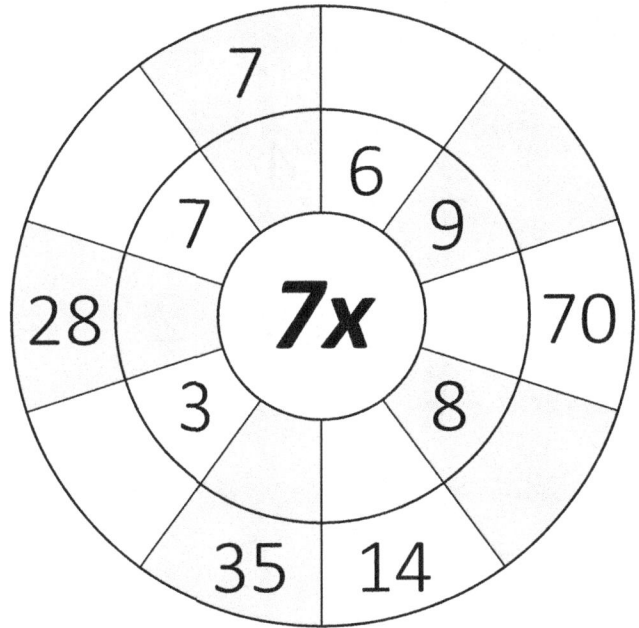

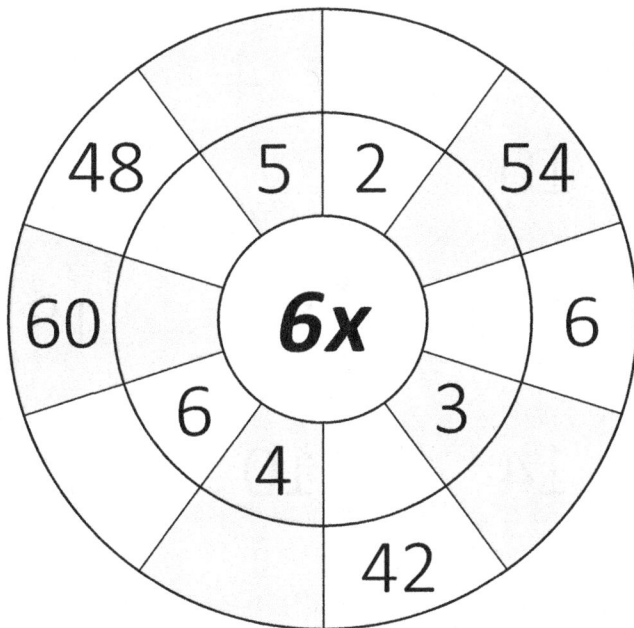

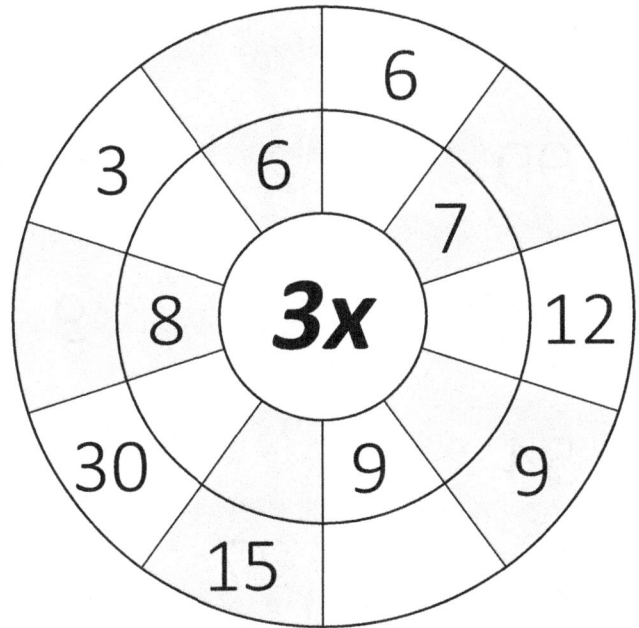

TIME :

SCORE : /40

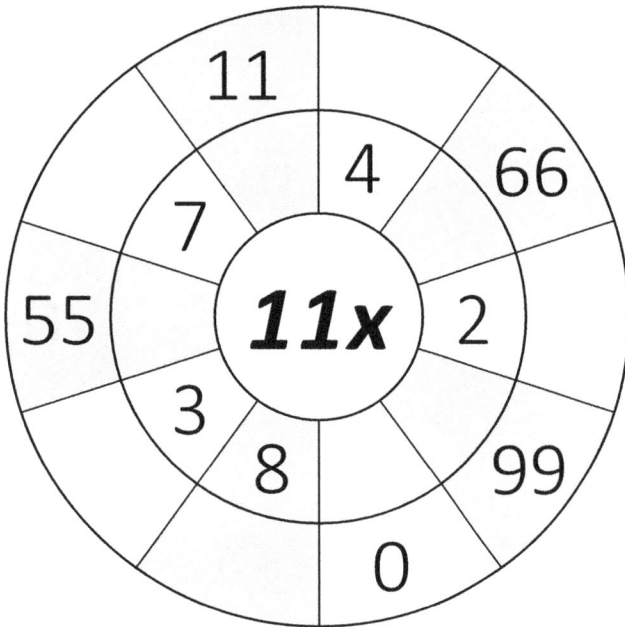

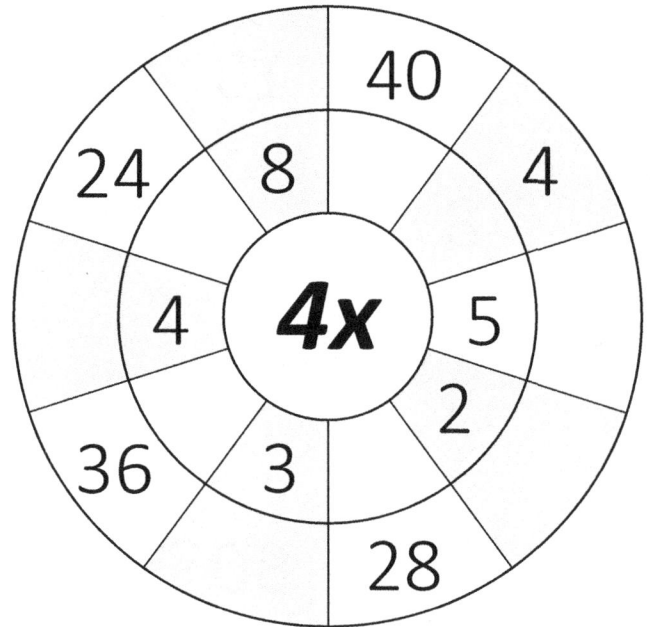

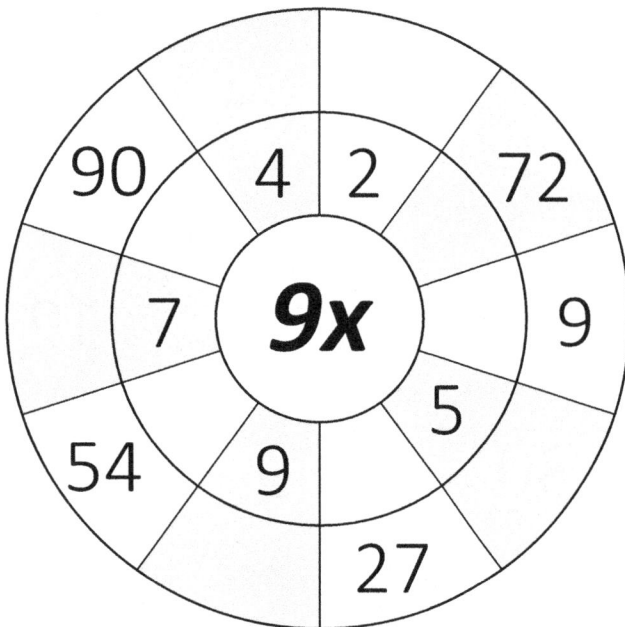

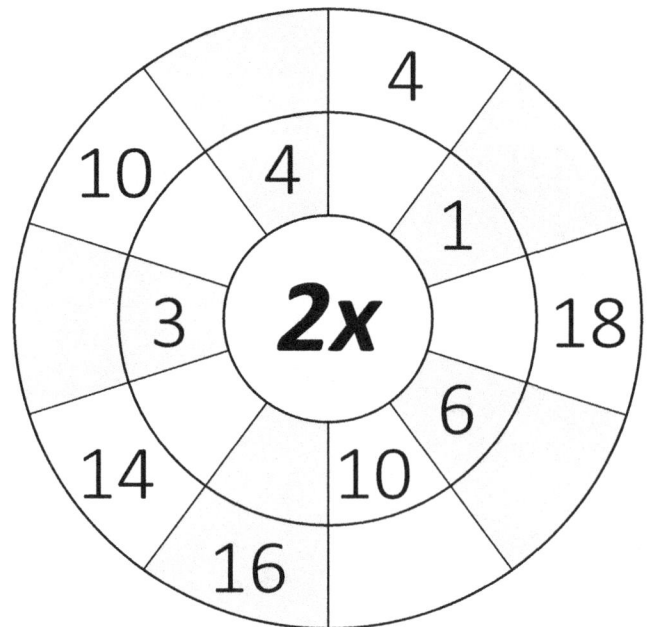

NAME :

DATE :

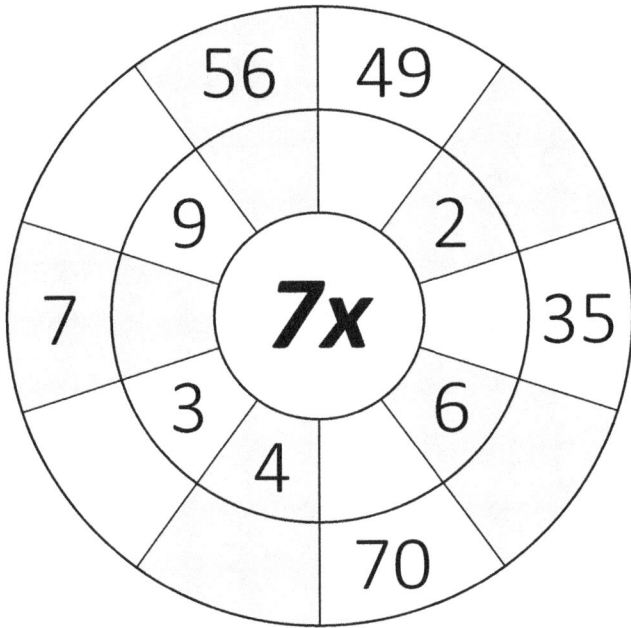

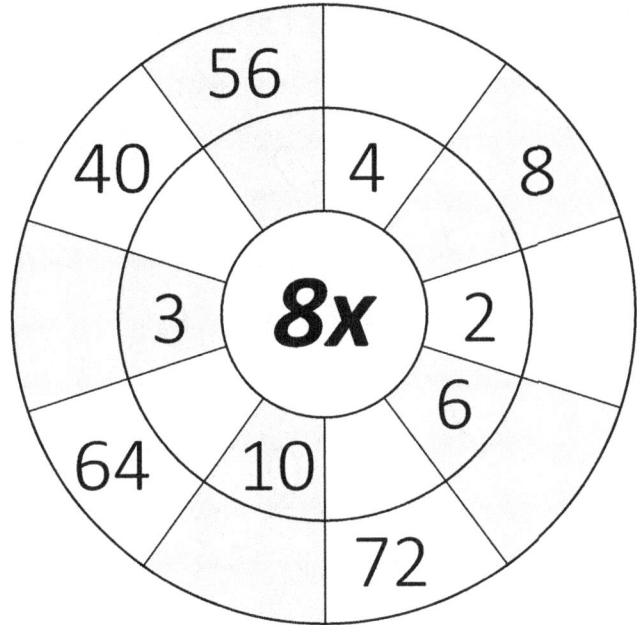

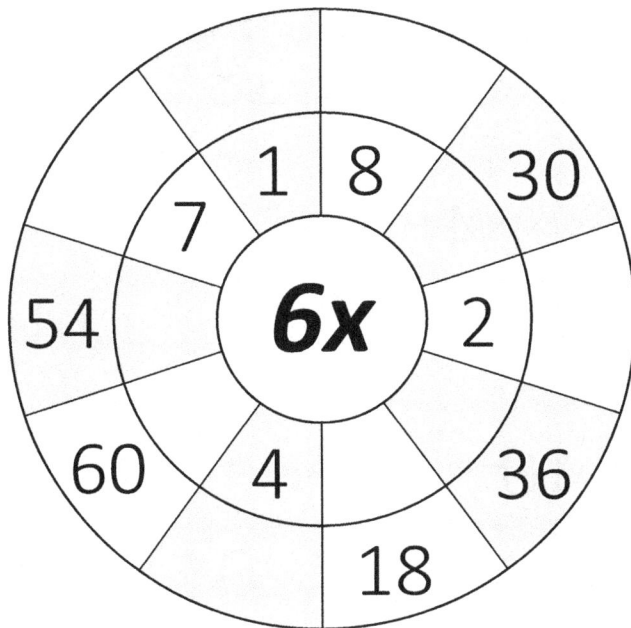

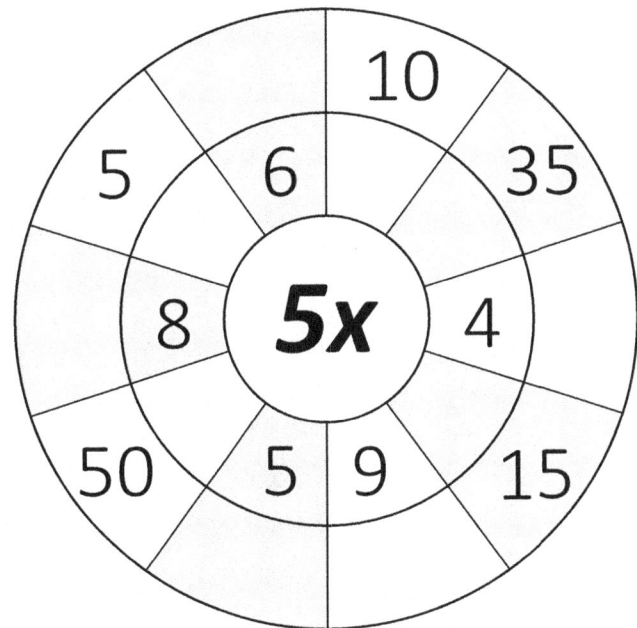

TIME :

SCORE : /40

NAME :

DATE :

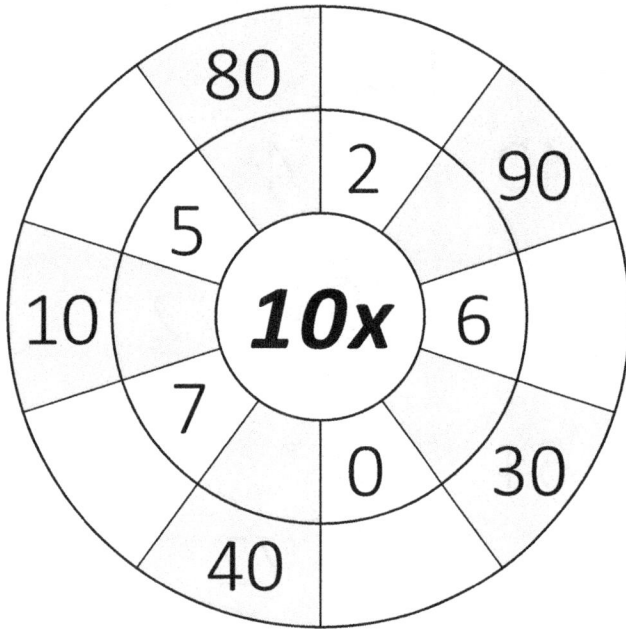

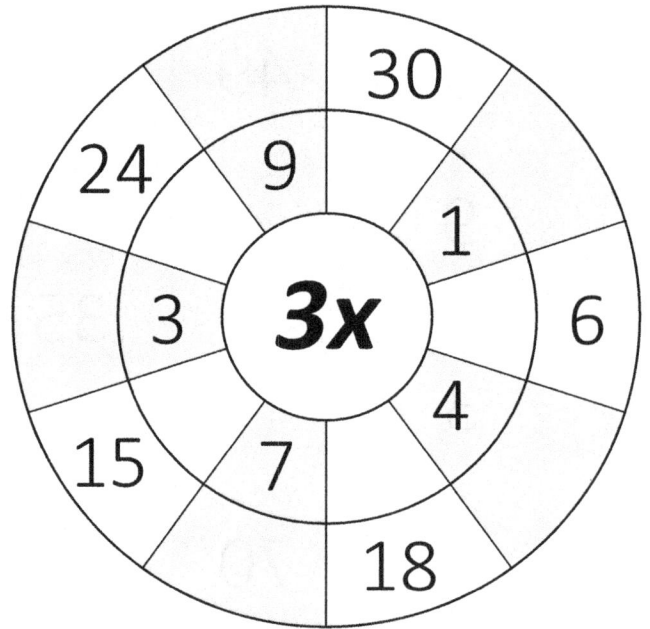

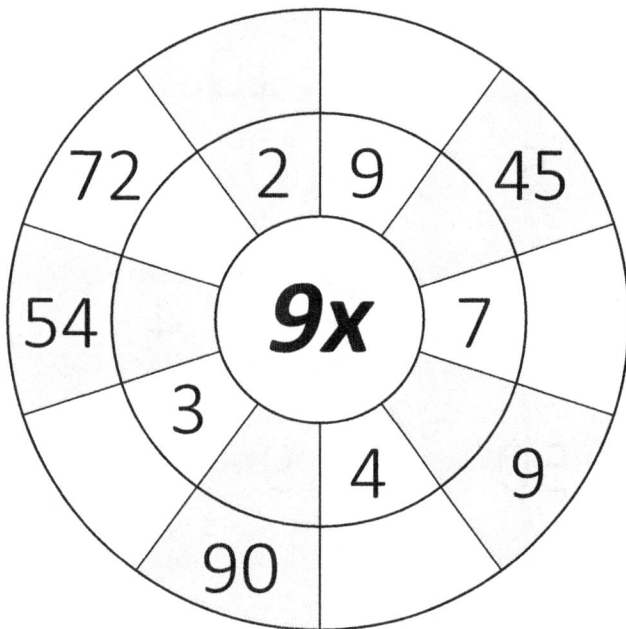

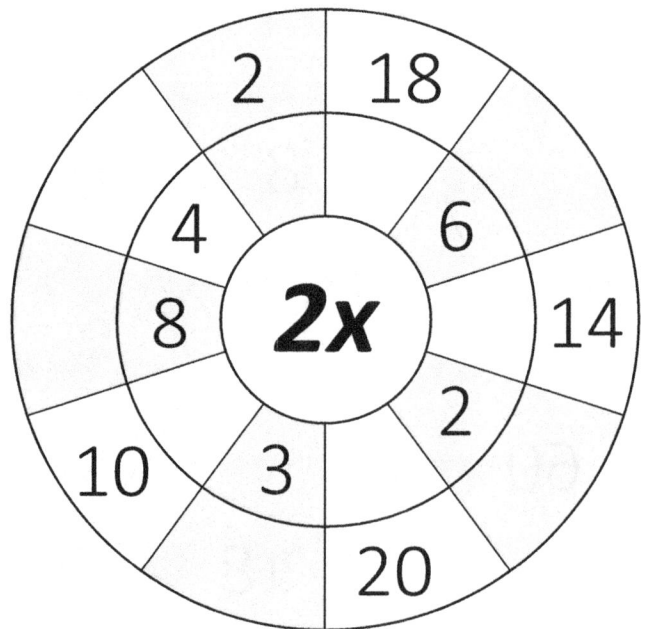

TIME :

SCORE :   /40

NAME :

DATE :

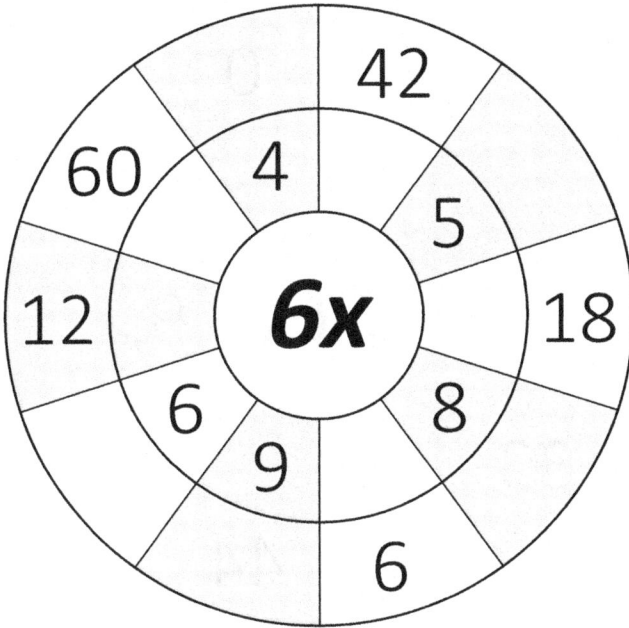

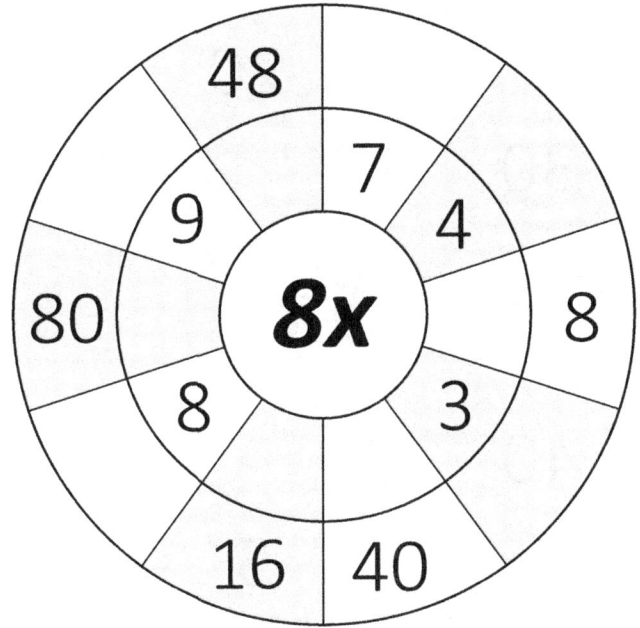

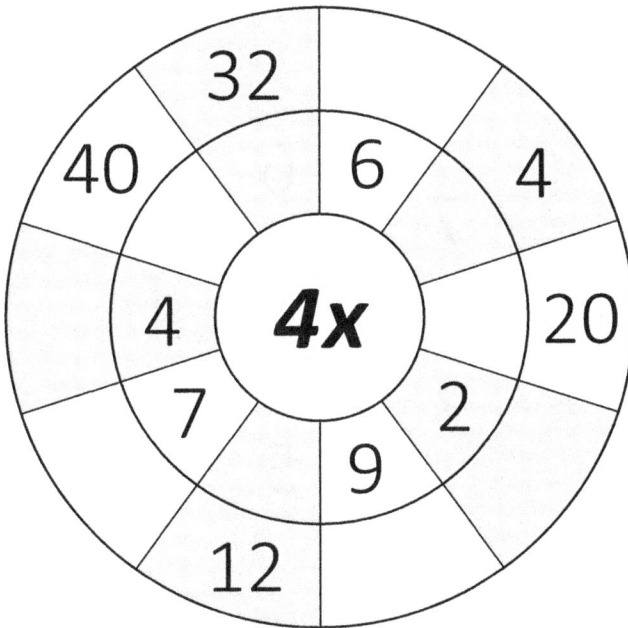

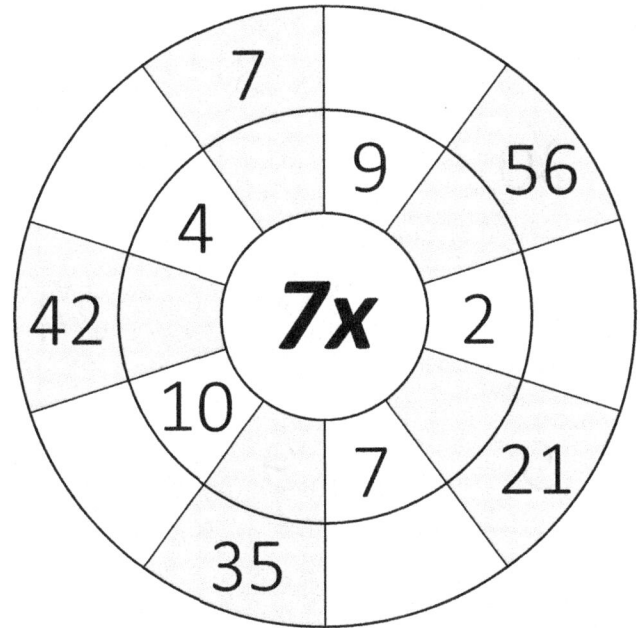

TIME :

SCORE :   /40

NAME :

DATE :

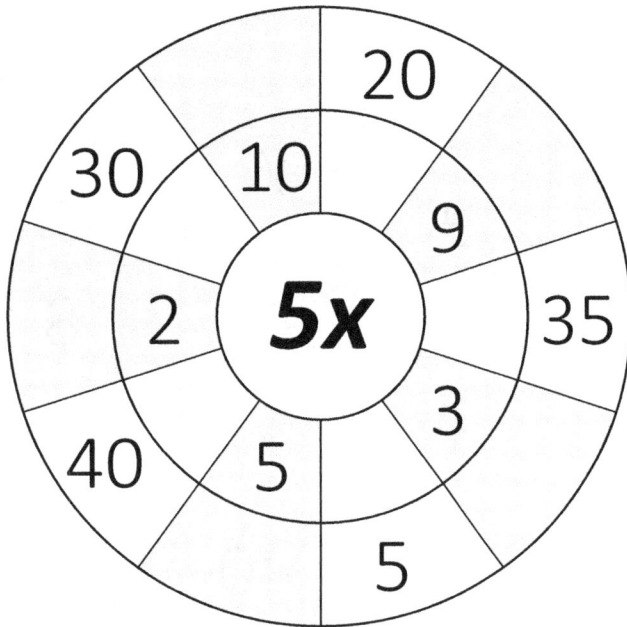

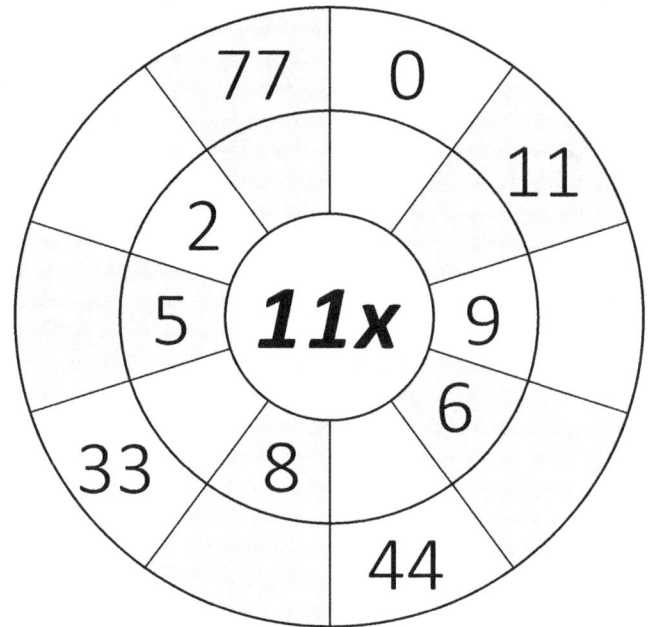

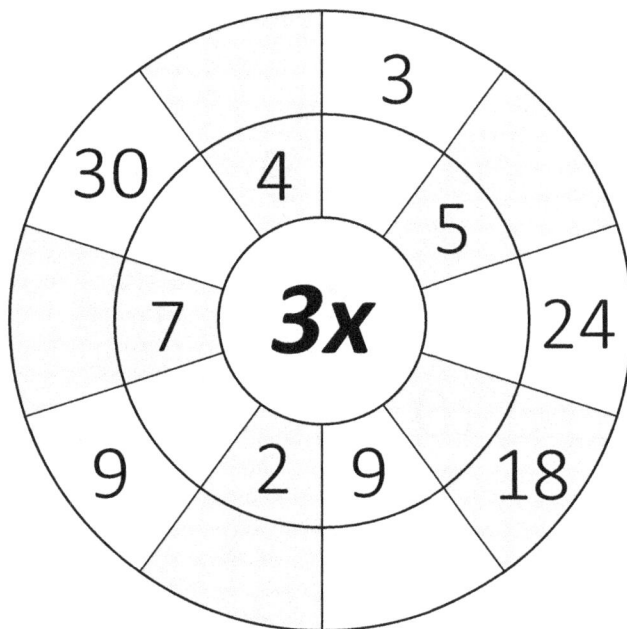

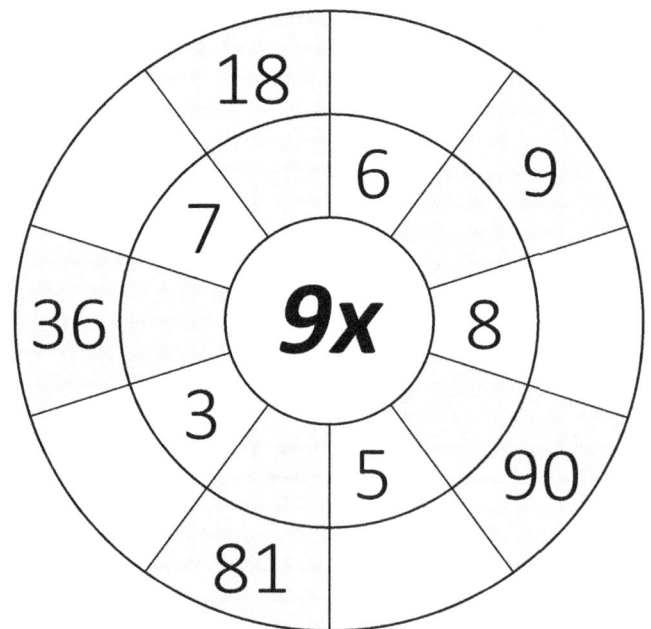

TIME :

SCORE : /40

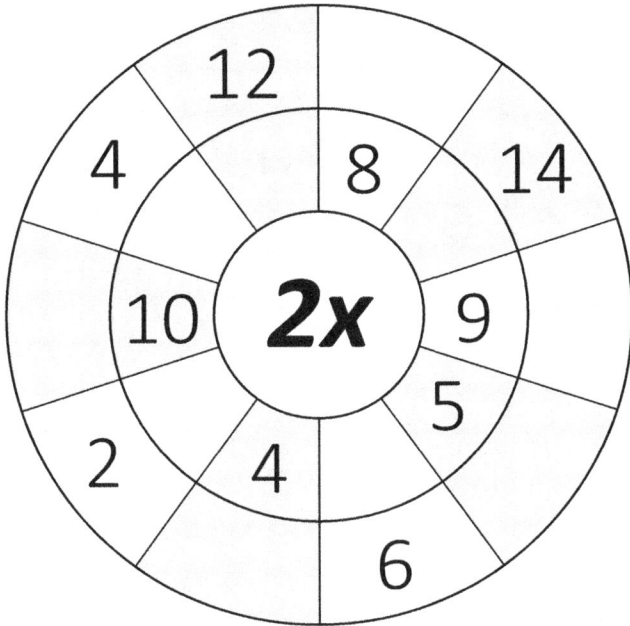

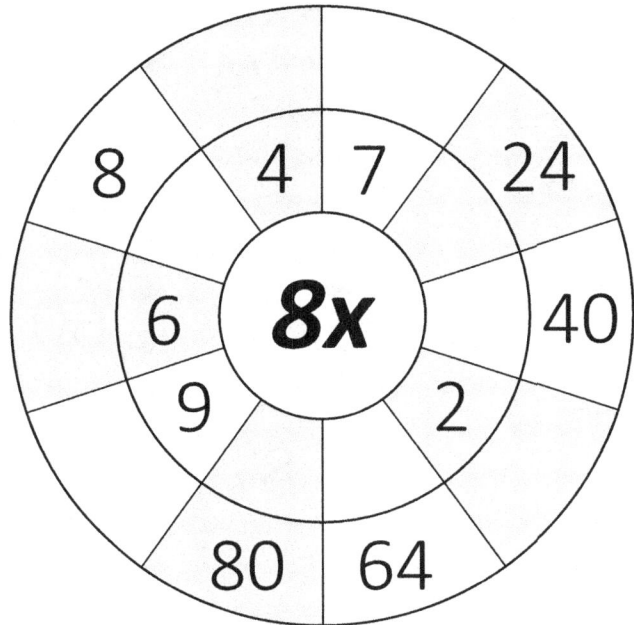

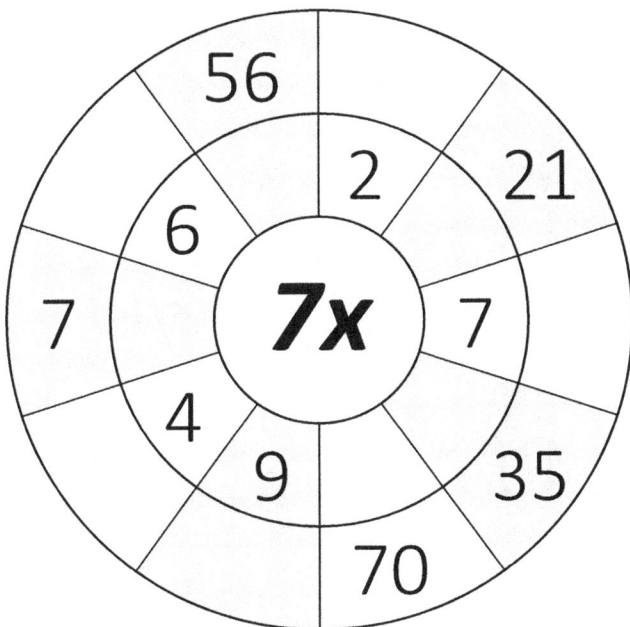

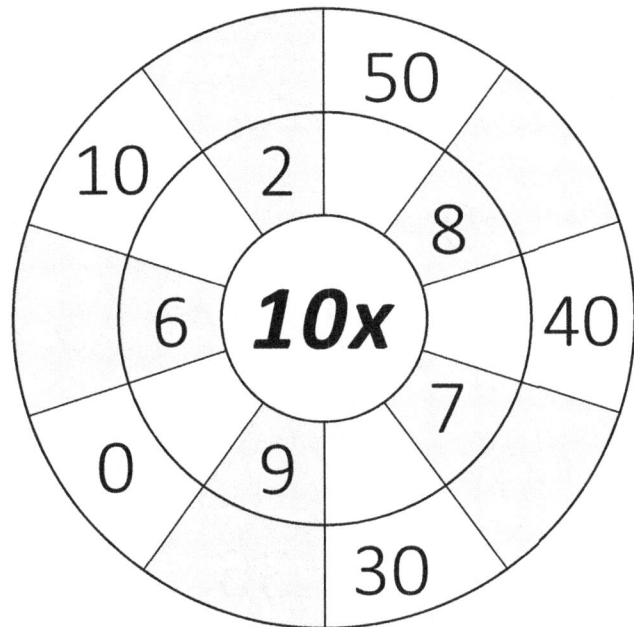

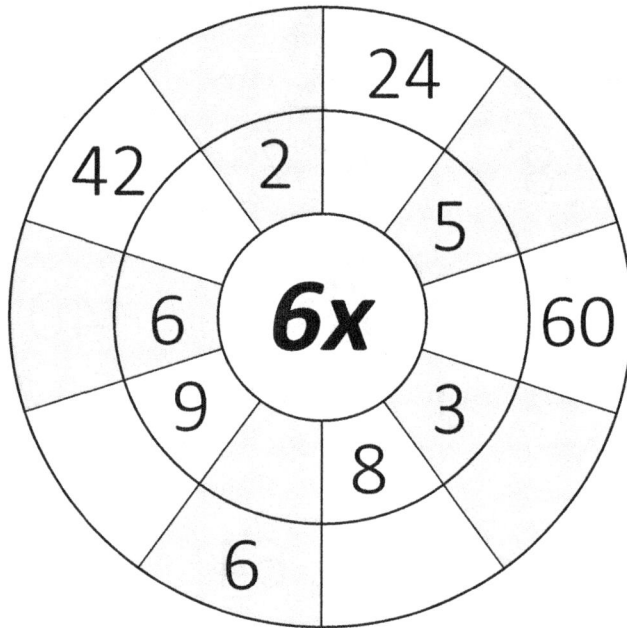

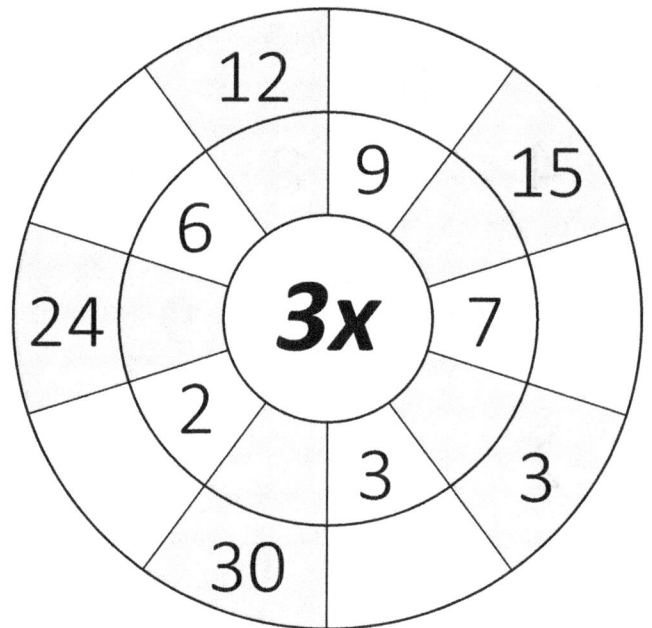

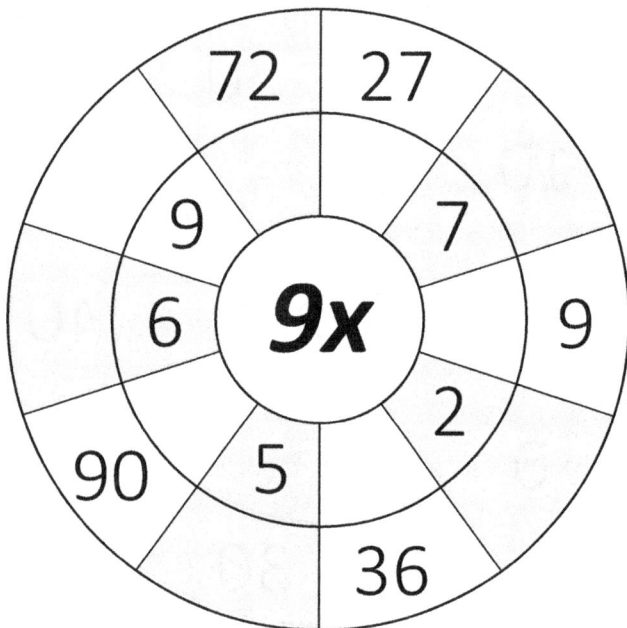

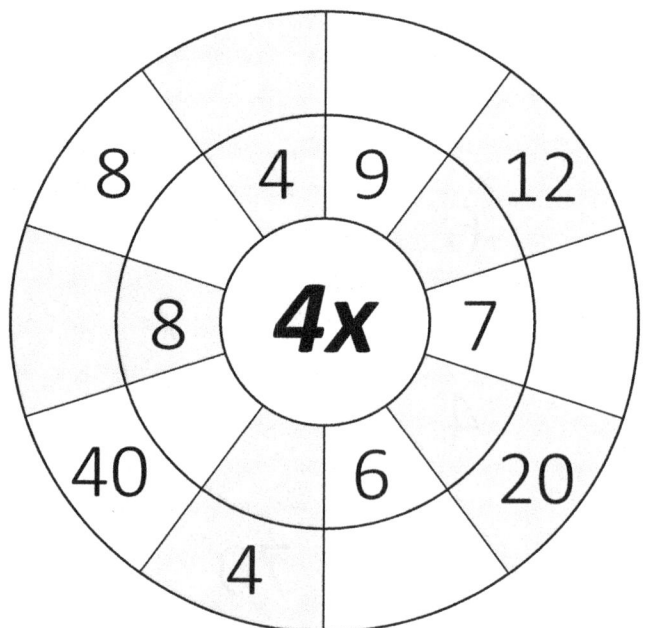

NAME :

DATE :

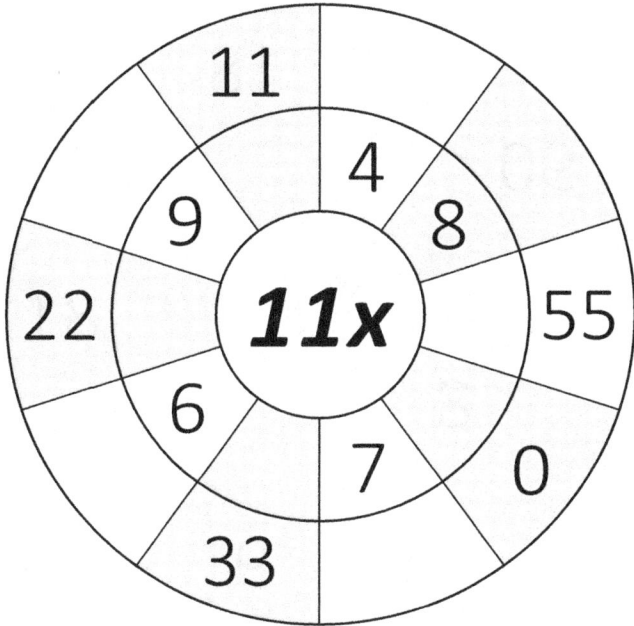

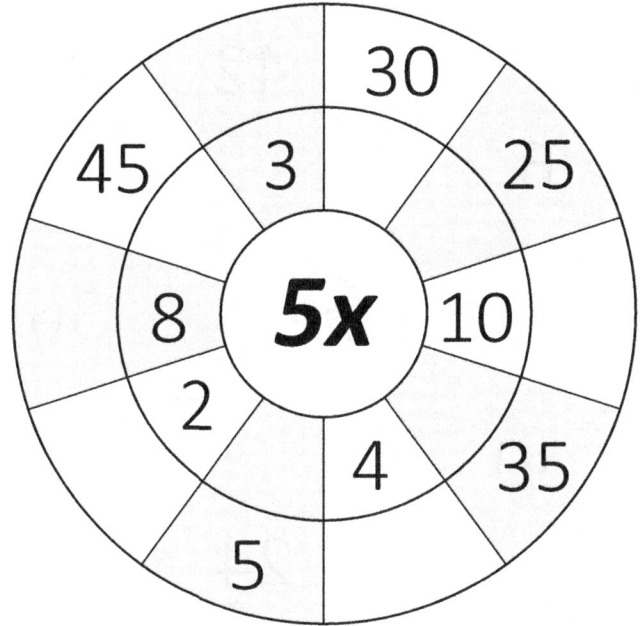

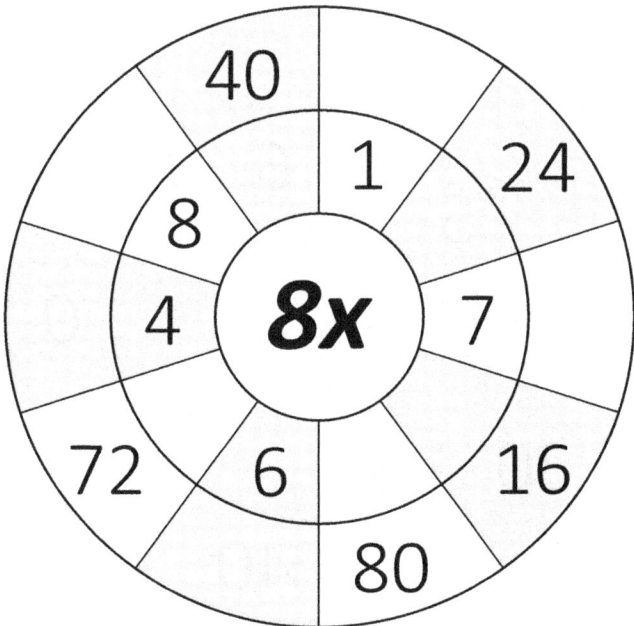

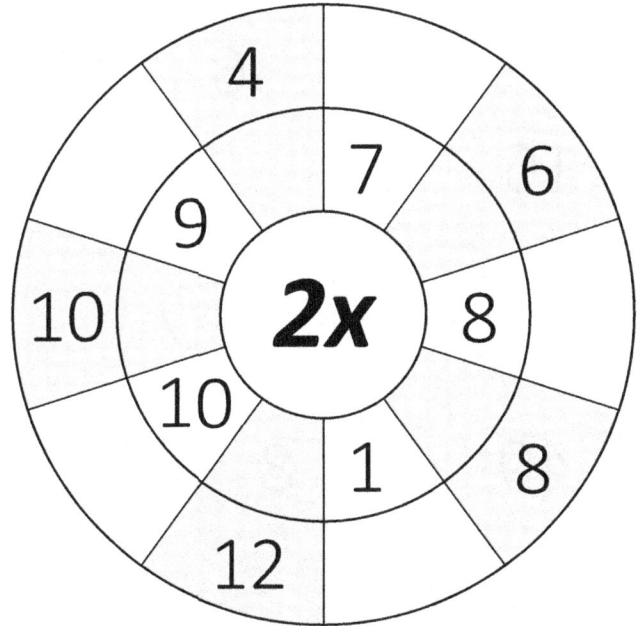

TIME :

SCORE : /40

NAME :

DATE :

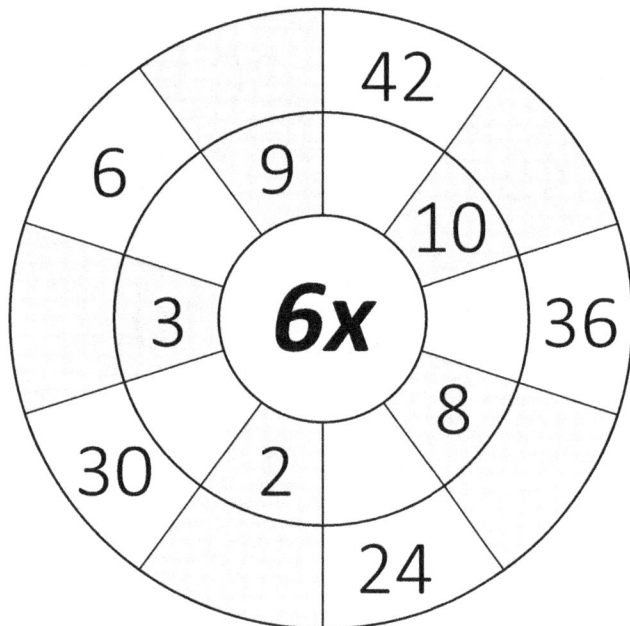

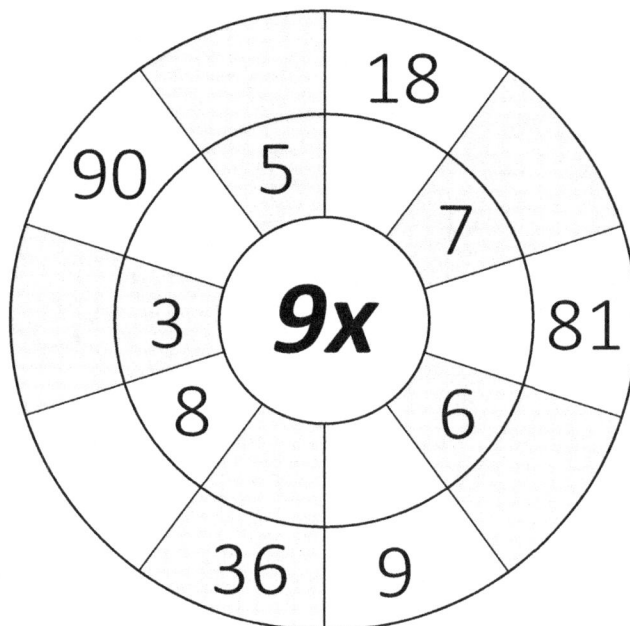

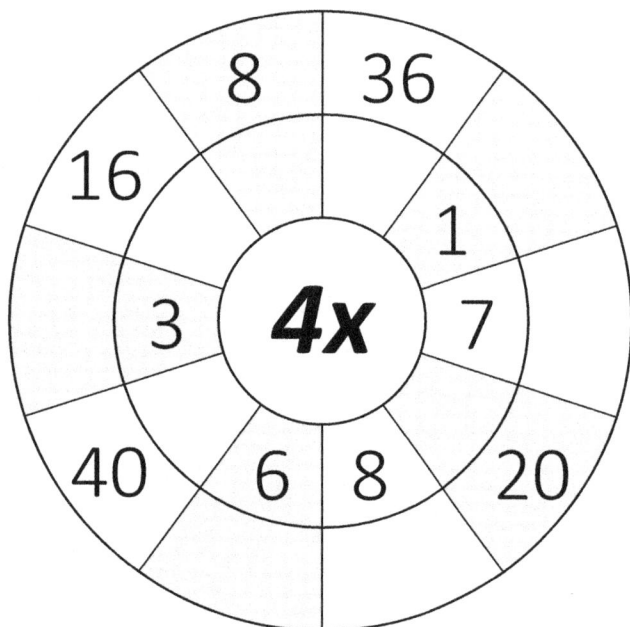

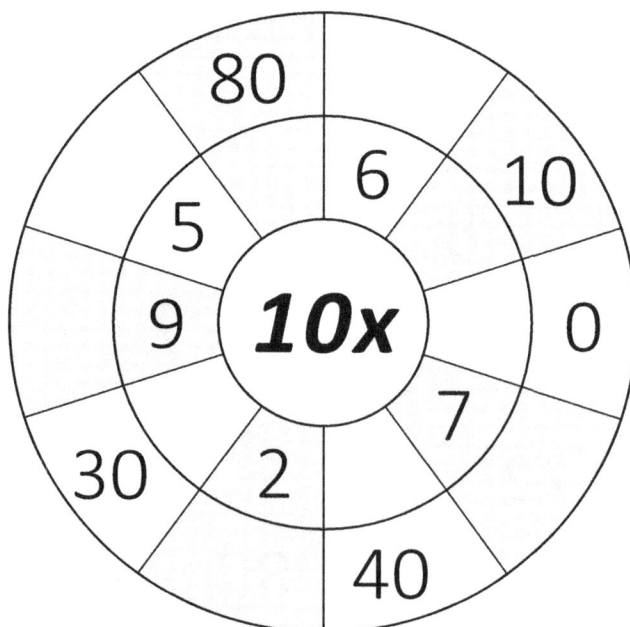

TIME :

SCORE :   /40

NAME :

DATE :

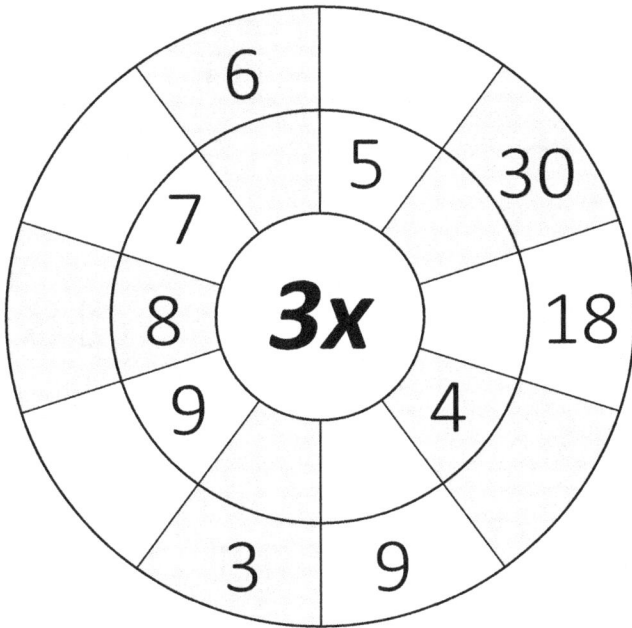

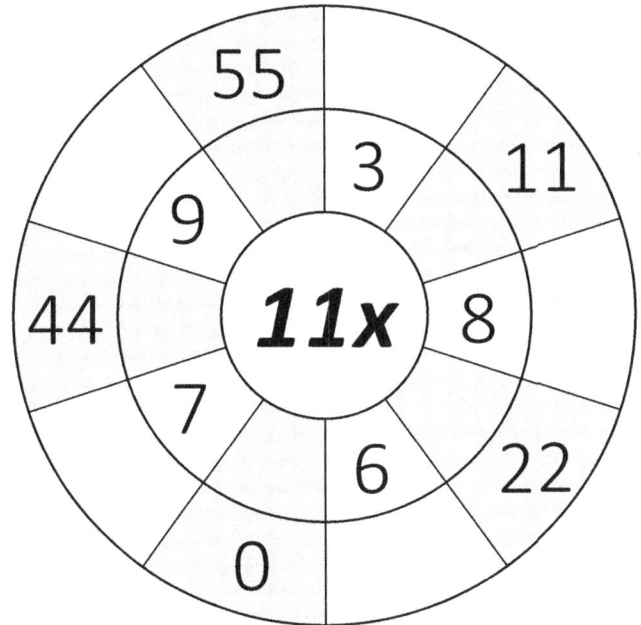

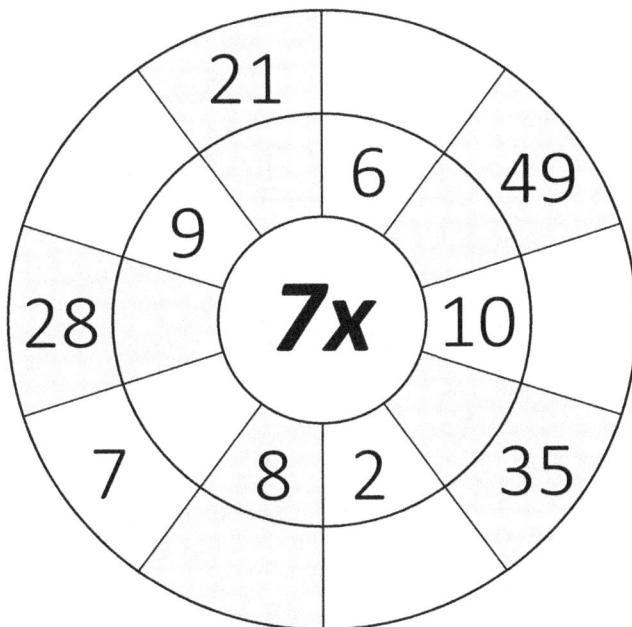

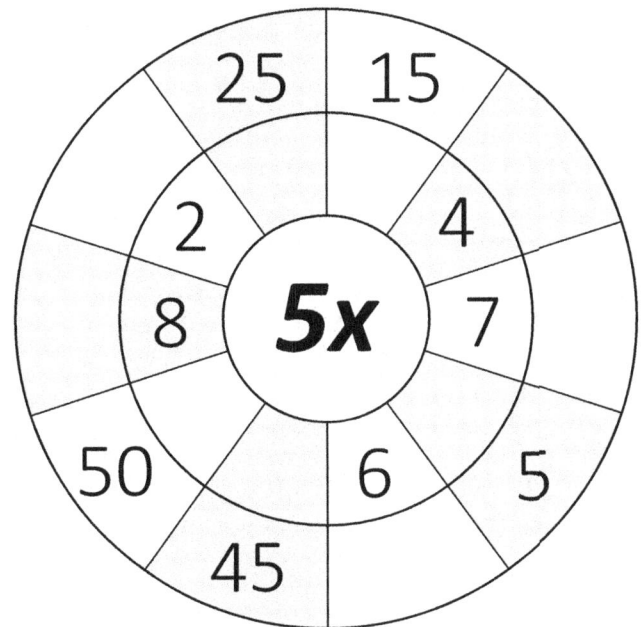

TIME :

SCORE : /40

NAME :

DATE :

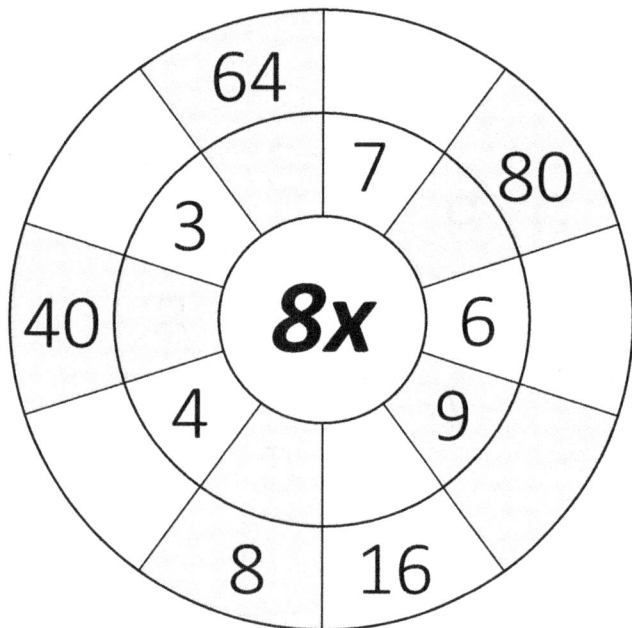

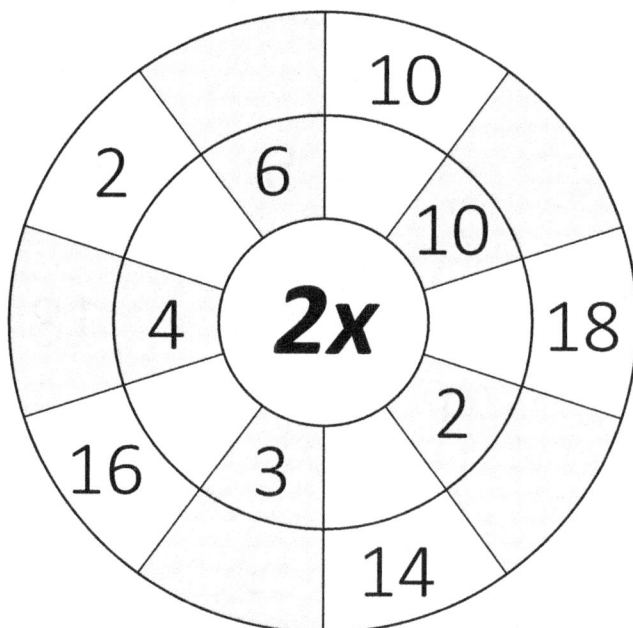

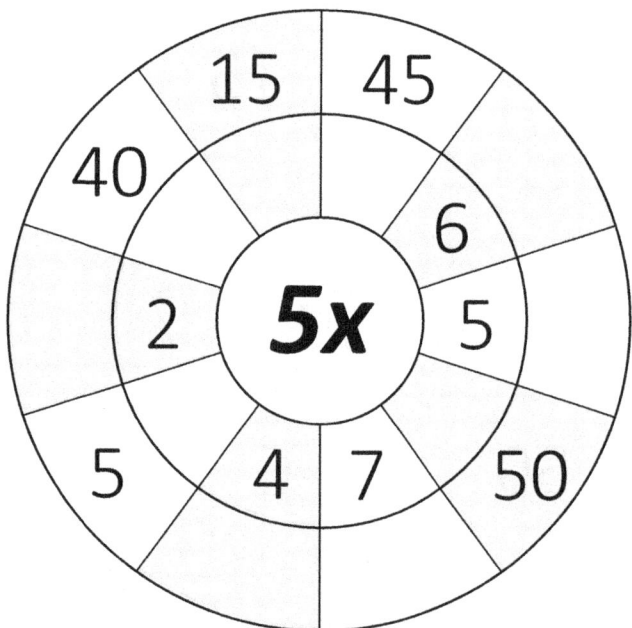

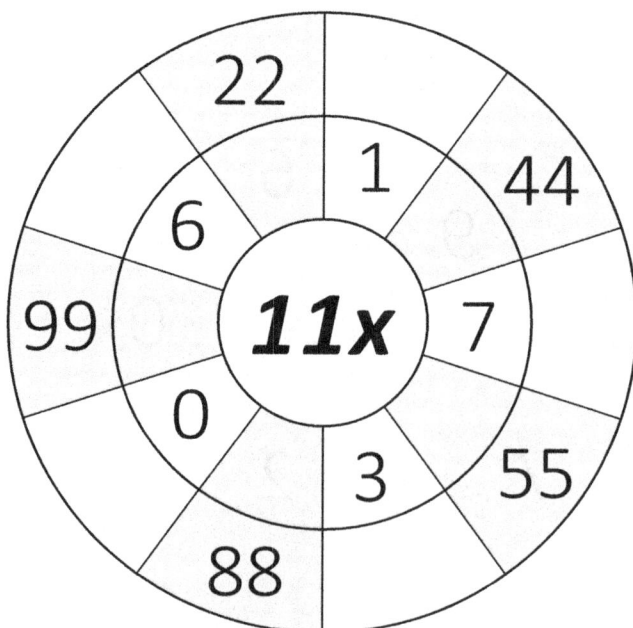

TIME :

SCORE : /40

Multiplication Wheels

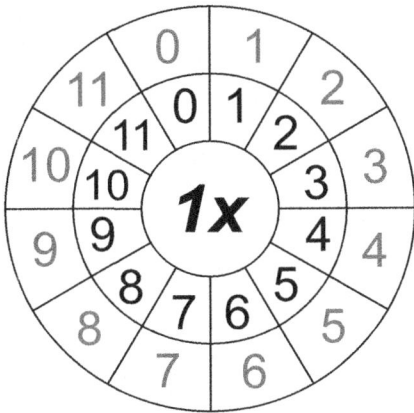

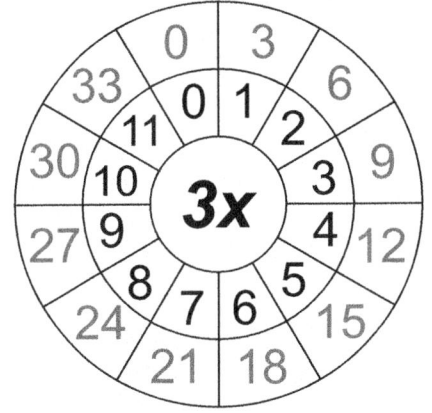

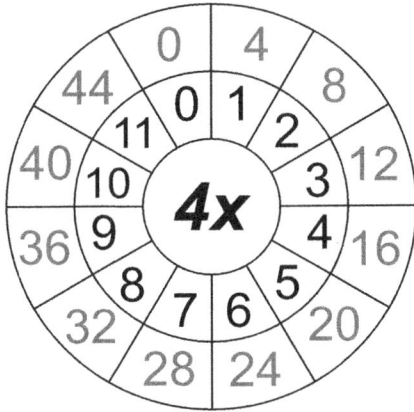

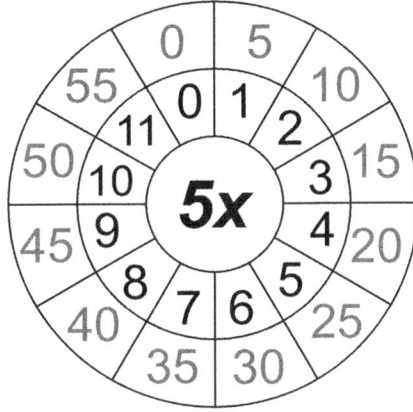

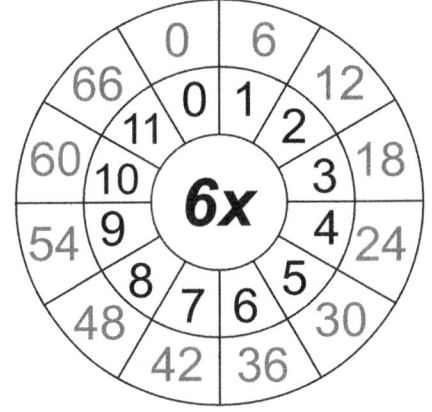

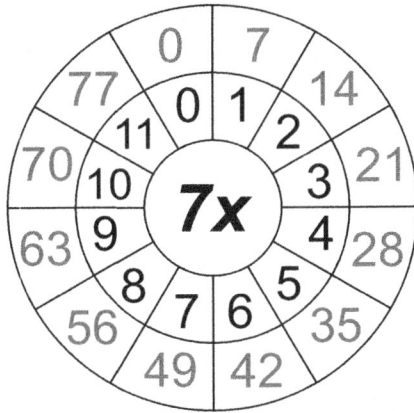

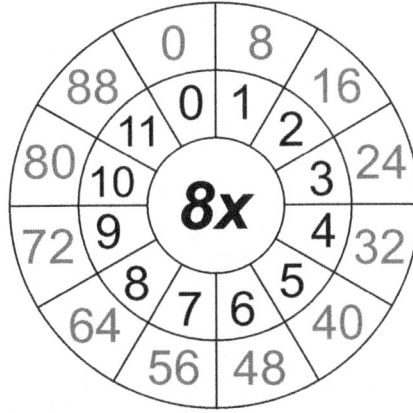

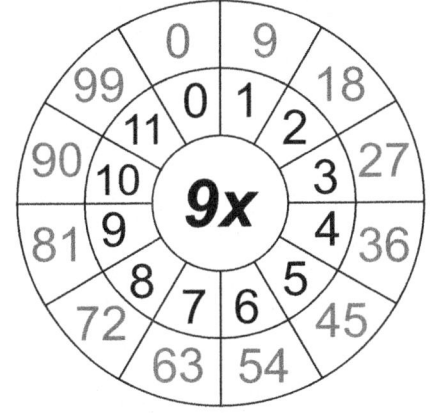

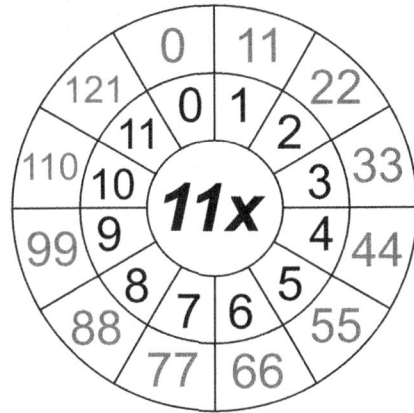

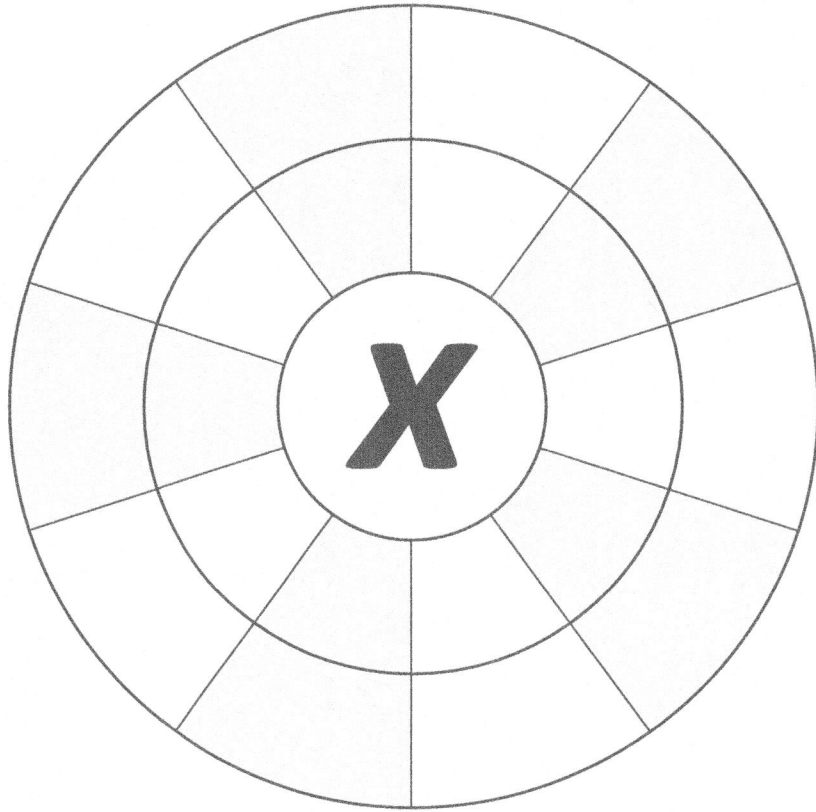

Congratulations!

You have shown a keen mind, great concentration, and a desire to learn throughout this workbook. Your mastery of the multiplication table, from 0 to 11, is impressive and reflects your commitment to learning mathematics.

DATE

Tutor's Signature

Made in the USA
Coppell, TX
02 June 2025